AI와 실리콘밸리의 반문화

AI문고

인공지능 시대입니다. 기계가 인간의 인지를 대신하고, 사물이 인간을 통하지 않고 다른 사물과 직접 커뮤니케이션합니다. 이에 따른 인간 삶과 문명 변화를 정확히 이해·예측·대응하는 것은 이 시대 우리 모두의 과제입니다. AI문고는 인공지능 기술과 환경의 여러 주제를 10가지 키워드로 정리합니다. 관련 개념과 이론, 학계와 산업계의 쟁점, 우리 일상의 변화를 다룹니다. 인간과 기술의 현재, 미래를 세심히 분석합니다.

일러두기

- 인명, 작품명, 저서명, 개념어 등은 한글과 함께 괄호 안에 해당 국가의 원어를 병기했습니다.
- 외래어 표기는 현행 어문규정의 외래어표기법을 따랐습니다.

처음이세요?

전문가세요?

AI와 실리콘밸리의 반문화

김욱진·김기배

대한민국, 서울, 커뮤니케이션북스, 2025

AI와 실리콘밸리의 반문화

지은이 김욱진·김기배
펴낸이 박영률

초판 1쇄 펴낸날 2025년 12월 5일

커뮤니케이션북스(주)
출판 등록 2007년 8월 17일 제313-2007-000166호
02880 서울시 성북구 성북로 5-11
전화(02) 7474 001, 팩스(02) 736 5047
commbooks@commbooks.com
www.commbooks.com

ISBN 979-11-430-1309-5 03500

책값은 뒤표지에 표시되어 있습니다.

차례

실리콘밸리, 반문화에서 인공지능까지

인공지능이 다양하고 변화무쌍하고 복잡해서 이해하기 힘들다면, 인공지능 개발의 원동력을 제공한 문화가 무엇인지 들여다보자. 인공지능의 개발이 가장 활발한 실리콘밸리는 공교롭게도 주류와 다르게 생각하는 것을 강조하는 반문화가 발달하였다. 실리콘밸리에서 반문화와 인공지능이 만난 것은 우연이 아닐 수도 있다.

인공지능은 모두에게 같은 모습일까?

시장에서 쏟아지는 인공지능 신기술을 듣고 전문가들과 얘기를 나눌 때 궁금해지는 점이 있다. 내가 말하는 인공지능은 저분이 생각하는 인공지능과 같은 것일까? 저 분이 생각하는 인공지능은 다른 분이 생각하는 인공지능과 같은 것일까? 우리가 인공지능을 거론할 때 인공지능의 한 가지 실체에 각자 다르게 비치는 여러 가지 모습을 보는 것은 아닐까? 학계와 산업계에서 인공지능 담론을 할 때 사람들이 생각하는 인공지능의 모습은 크게 다섯 가지로 구분할 수 있지 않을까 한다.

첫째, 인공지능은 인공 신경망이다. 요즘 인공지능을 정의하라면 많은 사람들은 인공 신경망을 떠올릴 것이다. 인공 신경망은 단순한 구조의 신경 단위가 복잡한 구조를 형성하여 기억을 저장하는 시스템으로서(Hopfield, 1982; Hinton & Salakhutdinov, 2006), 인간의 인지 방식과 흡사하게 작동한다. 조건과 반복을 미리 설정하는 규칙 기반 방식과는 다르게, 인간의 경험을 축적한 데이터로부터 조건에 따른 대응을 학습함으로써, 다양한 상황에 적용할 수 있다.

둘째, 인공지능은 데이터 시스템의 인지를 담당하는 엔진이다. 인공 신경망 입장에서 데이터는 인공지능의 작동을 도와주는 주변부이지만, 데이터 입장에서 인공지능은 인간적 추론 방식을 모사하는 데이터 시스템의 엔진 부분이다(Groger, 2021). 산업 전체에서 인공지능은 4차 산업혁명을 견인하는 핵심 기술임이 분명하지만, 블록체인, IoT, 로봇, 드론 등의 기술과 결합하여 데이터 시스템을 구성할 때 진가를 발휘할 수 있다(Schwab, 2018; Bella et al., 2021).

셋째, 인공지능은 클라우드 상에서 플랫폼으로 제공되는 서비스다. 정보통신 산업은 클라우드를 향해 진화하여 인프라의 효율성을 극대화하고 신규 산업을 창출한다

(Cusumano, 2010). 인공지능 또한 클라우드상에 플랫폼으로 제공되는 방향으로 사업화가 진행되고 있으며(Cusumano, 2023a), 이는 필연적으로 독점을 향한 경쟁을 촉발한다(Gawer and Cusumano, 2002). NVIDIA는 그래픽 카드 시장을 기반으로 하드웨어와 소프트웨어 플랫폼을 동시에 가져가고자 노력 중이다(Cusumano, 2023b).

넷째, 인공지능은 범용 기술이다. 인공지능에 대한 앞의 두 모습이 공학적 측면이라면, 경영학적 측면에서 인공지능은 다양한 용도로 활용이 가능한 범용 기술로 볼 수 있다(Brynjolfsson & McAfee, 2014). 예를 들어, 내연기관이 만들어 낸 동력을 주변 기술과 결합하여 버스, 기중기 등에 활용하듯이, 인공지능 자체로 디지털 서비스가 완성되는 것은 아니지만, 인공지능의 인지 및 추론 기능을 주변 기술과 결합함으로써 의사 결정 지원 또는 운영 자동화에 활용할 수 있다.

다섯째, 인공지능은 유연한 고숙련 노동을 지원한다. 인공지능이 범용 기술이 될 수 있는 것은 데이터 학습을 토대로 다양한 분야에서 인간의 사고를 모사할 수 있기 때문이다. 따라서 기존의 디지털 기술이 단순 반복적인 저숙련 부문에서 인간의 노동을 대체했다면, 지금 인공지능은 도시, 모빌리티, 법률, 의료 등 각 분야에 필요한 상황에 맞게 유연한 적응을 시도하고 있다. 인공지능이 인간의 유연한 고숙련 노동을 대체하는 양상은 자본과 노동의 상대적 가치에 따라 달라질 것이다(Acemoglu & Retrepo, 2018).

전문가들이 생각하는 인공지능의 모습은 이보다 더 다양할 수 있다. 혹은 일반인이 일상생활에서 사용하는 인공지능의 모습은 이와 다른 모습일 수 있다. 인공지능은 지금 다양한 분야에서 다양한 방식으로 개발이 진행 중이므로, 각기 다른 모습으로 발현되는 실체가 형성되지 않았을 수도 있다. 실체에 대한 이해가 부족한 상태에서 다양한 모습만을 보는 것은 인공지능에 대한 깊이 있는 논의를 만들기 힘들게 한다.

인공지능은 언제나 같은 모습일까?

인공지능의 모습이 다양한 것만큼 흥미로운 점은 각 모습이 등장한 시점이 저마다 다르고 그것을 받아들인 사람들도 다르다는 것이다.

초기에는 소수의 전문가들이 인공지능을 개념적으로 제안하였다. 앨런 튜링은 인공지능을 정의하는 대신에, 기계의 응답과 사람의 응답을 구분할 수 없을 때 기계의

지능을 인정하자는 접근을 제안하였다(Turing, 1950). 1956년에 열린 인공지능에 대한 다트머스 하계 학술대회에서 수학, 인지 과학, 컴퓨터 과학, 신경학 전문가들이 모여서 '인공지능'이라는 말을 최초로 제안하였으며, 인공지능이 갖출 모습을 그렸다. 참석자 중에 후에 인공 신경망 연구에 기여한 신경학자 피터 밀너도 참석하였으므로(Solomonoff, 2023), 그 당시의 논의에 지금 우리가 생각하는 인공 신경망도 포함됐을 것으로 추측할 수 있다.

일반인들에게 인공지능은 2016년의 알파고로 등장했다. 2016년 1월 구글 딥마인드는 천문학적인 경우의 수로 인해 기계가 사람을 이기기 어렵다고 여겨지던 바둑에서, 인공 신경망으로 수천 년의 기보를 학습함으로써 인간과 같은 수준의 대국을 할 수 있는 방법을 제안하였다(Silver et al., 2016). 같은 해 3월에는 이세돌과 대국하여 4대 1로 승리하였고, 이듬해에 같은 연구팀이 강화학습을 통해 기존의 기보를 학습하지 않아도 되는 방법을 제안함으로써(Silver et al., 2017), 이제 인간은 바둑에서 기계를 이길 수 없게 되었다.

산업계는 즉각적으로 반응했다. 인공지능은 의사 결정뿐만이 아니라(Silver et al., 2016), 이미지 인식과 텍

스트 이해도 사람과 같은 수준에서 할 수 있으며 그 성능을 믿을 수 있다는 것을 확신하였다(LeCun et al., 2015). 그 결과를 우리는 테슬라의 자율주행 자동차, 아도비의 광학 문자 인식(OCR), 구글의 신경망 기계 번역(NMT)으로 체감하고 있다. 데이터의 변칙성이 크므로 기존의 규칙 기반 알고리즘으로는 할 수 없는 작업들이다.

일반인들에게 인공지능의 두 번째 등장은 오픈 AI의 대형 언어 모델이 아닐까 한다. 오픈 AI는 사람의 말을 해석하고 그 응답을 생성하는 인공 신경망 모형인 사전 훈련된 생성적 변환기(GPT)를 개발해 왔다. 2020년 6월에 인공 신경망의 규모를 획기적으로 늘린 GPT3를 출시하면서 인공지능이 일상 언어 수준의 대화를 어색하지 않게 할 수 있음을 보여주었고, 그 후속작으로 2022년 11월에 나온 챗GPT의 대화가 상당히 자연스럽기에 튜링이 봐도 정말 지능이 있을지 모르겠다고 생각할 수준에 이르렀다(Biever, 2023).

인류가 인공지능을 체감하자 학계는 그 공헌자에게 눈을 돌렸다. 2024년 10월 스웨덴 왕립과학원 노벨위원회는 단순한 단위체의 복잡한 구조가 학습을 통해 기억을 하게 되는 원리를 제안한 공로로 존 홉필드 교수와 제프리 힌턴 교수에게 노벨 물리학상을 수여하였다(박정

연, 2024). 말을 어렵게 했지만, 단순한 단위체는 요즘 인공지능 용어로 퍼셉트론이고 복잡한 구조는 인공 신경망이다. 나아가서 노벨 화학상은 인공 신경망을 이용해 고분자 화합 물질을 생성하는 인공지능을 개발한 데이비드 베이커 교수, 데미스 허사비스 대표이사, 존 점퍼 연구원에게 돌아갔다(이종현, 2024). 즉, 2024년의 노벨상은 인공지능에 주어진 것이다.

2025년 지금 인공지능은 대리인 역할을 수행하는 로봇이 되고 있다(Huczog et al., 2025). 즉, 인공지능에게 일을 시키기 위해 중간 단계의 전문가가 필요 없고, 사람의 말로 사람의 몸이 느끼는 일을 할 수 있게 진화하고 있는 것이다.

인공지능은 최근 10년 간 세상에 충격을 주며 등장하고 있다. 재미있는 것은 누군가에게 충격적인 사건이 누군가에게는 평범한 일상일 수도 있다는 것이다. 2024년의 노벨상과 2023년의 챗GPT, 2016년의 알파고는 1950년의 튜링에서부터 이어진 수많은 연구자들의 노력이 수면 위로 드러난 것이 아닐까?

인공지능은 점일까, 선일까, 면일까?

인공지능의 다양한 모습을 마주하면 그 다양성의 이유

가 무엇일지 궁금해진다. 인공지능의 실체를 온전히 볼 준비가 안 된 상태에서 각자 볼 수 있는 모습만을 보기 때문일까? 인공지능의 발전 속도가 너무 빨라서 이론적인 개념이 따라가기 힘들어서일까? 아니면 인공지능의 실체가 있지 않은데 허구적으로 만들어 낸 개념인 것일까? 이 물음에 답하기 위해 인공지능을 기술로 보고 기존 이론을 점, 선, 면으로 정리해 보자.

경제학은 인공지능을 점으로 본다. 고전적인 경제 이론에 따르면 인공지능은 기업이 동일한 생산 요소를 투입하여 기존보다 더 많은 재화를 생산해 주는 기술이다(Varian, 1992). 국가 입장에서 경제성장에 대한 노동의 생산성을 높여주기도 하고 자본의 생산성을 높여주기도 한다(Romer, 2012). 이런 관점에서, 인공지능이 생산성을 얼마만큼 높여주는지가 중요하지, 그 안의 기술 구조와 사회적 맥락은 모형 밖에서 토의될 뿐이다. 우리는 인공지능에 대한 이러한 입장을 '인공지능을 점으로 본다'고 말하곤 한다.

경영학은 인공지능을 선으로 본다. 진화적 관점의 경영학 이론에서, 혁신은 기술과 기술을 결합하는 과정이다. 국가 안에서 또는 기업 안에서 조직적인 탐색을 통해 기존 기술의 재결합으로 새로운 기술을 모색하고, 시장에서 선택된 기술이 살아남게 된다(Nelson & Winter, 1980; Fleming, 2001). 이러한 탐색과 해법의 도출 과정을 혁신의 '루틴(routine)'이라 부르고(Nelson & Winter, 1980), 그 루틴에 따라 탐색하며 재결합하는 것을 '재결합 탐색(recombinant search)'이라고 부른다(Fleming, 2001). 이러한 관점에서 인공지능은 여러 요소 기술의 재결합으로 발전하는 기술이기도 하고, 다른 기술과 결합하면서 새로운 기술을 만들어 내는 요소 기술이기도 하다. 요컨대, 인공지능은 선을 만드는 것이다.

사회학은 인공지능을 면으로 본다. 기술 개발은 사회의 수요를 반영하고, 그 수요의 충족과 관련된 이해당사자 그룹은 그 수요에 부합하는 기술을 찾으려고 노력하며, 이러한 노력의 결과로 수요와 기술 그리고 이해당사자 그룹은 하나의 사회 구조를 형성한다(Bijker, 1997). 즉, 인공지능은 문제와 해답을 결합하는 복합적인 사회 구조를 투영하는 면이다. 인공지능이라는 면 위에서 알고리즘과 주변 기술, 시장 수요, 이해당사자들이 연결되는 사회가 형성되는 것이다.

다만, 인공지능의 알고리즘과 인공지능을 적용하는 분야의 전문 지식을 동시에 이해하기에는 그 지식의 기반이 너무나도 다르므로, 수요와 기술을 결합하는 이해당사자 그룹이 형성되는 것은 쉽지 않다. 이에 대한 대안은 인공지능 보편형을 중심으로 다양한 데이터 파이프라인을 형성하는 것일 수 있다(스마트시티, 2023). 혹은, 분야 전문가가 자신의 데이터 시스템에 인공지능을 탑재하는 것일 수도 있다. 어떤 접근법이 되었건 인공지능은 여러 면이 결합된 입체일 수밖에 없다.

인공지능의 입체성은 그 실체에 접근하는 것을 어렵게 만든다. 어쩌면 인공지능에 놀라는 것은 우리가 그것을 받아들일 준비가 덜 돼 있는 상태에서, 시장의 변화가 너무 빨라서 점, 선, 면을 연결하지 못하기 때문일 수도 있고, 점, 선, 면을 모두 연결하기에는 각각의 면이 너무 넓어서일 수도 있다.

만드는 사람의 의지를 만드는 문화

인공지능이 사람마다 다르게 보이고 시대마다 다른 모습을 띠고, 그 모습이 복잡하다면, 인공지능의 실체를 어떻게 이해하는 것이 좋을까? 인공지능의 각각의 모습을 정확하게 파악하고 종합하여 전체를 이해해야 할까? 아니면, 시장에서 인공지능의 기능과 가치를 어느 정도 정의할 때까지 기다리고 있어야 할까? 그것도 아니면, 형이상학적인 관점에서 실체는 볼 수 없으므로 파편적인 모습만 보이는 대로 받아들여야 할까?

우리는 인공지능의 모습이 변하더라도 그것을 만드는 사람의 의지는 쉽게 변하지 않는다고 본다. 사람과 구별하기 어려울 정도의 생각하는 기계를 만들고자 하는 상상력과 처음에는 하찮아 보이더라도 마침내 그 상상력을 많은 사람이 만족할 정도로 잘 만들고자 하는 것을 의미한다. 그 의지는 보고자 하는 문제와 풀고자 하는 답의 예시를 공유하는 전문가 집단의 지성 안에 녹아 있고(Kuhn, 1996), 실험실에서 어렴풋이 인지한 관찰을 객관적 사실로 구체화해 나가는 동료 사이의 논의를 지탱한다(Latour & Woolgar, 1979).

인공지능을 만들고자 하는 의지가 없었다면, 인공 신경망에 기억을 저장하여 상황에 대응하는 방식이 자기테이프에 기억을 저장하고 규칙에 따라 기억을 활용하는 방식에 시장을 내주었을 때에도 반세기 동안 꾸준히 연구된 후 사반세기 동안 시장의 주류로 자리매김하는 것을 설명할 수 없을 것이다. 인공지능의 다양한 모습은, 문제와 해답 그리고 해답과 해답을 재결합하여 시장에서 선택을 받음으로써 진화했다고 보기에는(Fleming, 2001; Levinthal, 1991; Nelson & Winter, 1982), 기존의 기술 및 경영 방식과 지나친 단절이 있다. 인공지능의 복잡한 모습은, 문제와 해답과 이해당사자로 구성된 교범을 공유하는 균질한 사회 안에서 기술이 형성되어 왔다고 보기에는(Bijker, 1997; Kuhn, 1996), 그 파편화된 사회의 총체가 아직 형성되지 않았다. 시장의 주류와 전혀 다른 방식의 인공지능을 지속적으로 개발할 수 있고, 파편화된 기술 사회를 하나의 시스템으로 통합할 수 있다는 것은, 바로 인공지능을 만들고자 하는 의지가 존재함을 입증하는 것이다. 그 의지의 결과물이 때때로 드러날 때마다 그것을 볼 준비가 안 된 시장이 놀라는 것이다.

문화는 만들고자 하는 의지를 형성한다. 주류에서 벗어나 남들과 다르게 생각하고 그 생각을 유지할 수 있는 의지, 풍요로워졌을 때도 곤궁했을 때의 초심을 유지할 수 있는 의지, 세상이 갈라놓은 기술과 예술의 경계를 극복하고 예술적인 기술을 개발할 수 있는 의지. 이 의지가 시장에서 나왔다고 하기에는 손해가 막심하고, 제도에서 나왔다고 하기에는 너무 사(私)적이다. 민족 국가, 지리적 지역, 이해당사자 사이에 공유하고 있는 가치관과 그 가치관이 투영된 생활양식 안에서 체득하였을 때, 경제적 합리성이 결여되더라도 의지가 남아 있을 수 있다.

실리콘밸리는 문화를 담는 그릇이다. 그 안의 기업과 그들의 사회 연결망 그리고 금융 인프라에 가려 잘 보이지 않지만(Lee et al., 2000), 그 안에는 동부에서 온 개척자의 문화가 있고 인도, 중국, 일본에서 온 이민자의 문화가 있다. 기술을 추구하는 개발자의 문화가 있고, 이윤을 추구하는 기업가의 문화가 있다. 주류에 편입하는 가치를 추구하는 문화와 주류에서 벗어나 경계를 추구하는 반문화도 있다.

반문화에서 인공지능까지

우리는 실리콘밸리 안에서 인공지능을 만드는 사람의 의지와 그 의지를 만드는 '반문화'를 연결하고자 한다. 처음 세 장은 실리콘밸리의 문화를 형성한 대표적인 커뮤니티로서 비트 세대(beat generation), 스티브 잡스의 사과 농장, 홈브루 컴퓨터 클럽을 소개한다. 제4장에서 실리콘 밸리에 녹아 있는 선불교적 색채를 들여다본다. 제5장에서 제7장까지는 기술과 예술의 경계를 잇는 문화의 사례로서, 스티브 잡스와 백남준의 조지 오웰에 대한 재해석, 버클리 근교의 애니메이션 공장 픽사, 에이다 러브레이스의 시적 과학을 소개한다. 제8장에서 제10장까지는 인공지능을 반문화적 관점에서 이해하고자, 래리 페이지의 기술 주장과 일론 머스크의 금욕주의 주장, 프랭클린 포어의 사색 가능성 회복 주장, 그리고 피트 데이비스의 하나만 전념하기 주장을 소개한다.

이제 인공지능을 만든 사람들을 둘러싼 문화를 이해함으로써, 인공지능이 생각을 만들고 제도를 만들고 사회를 만드는 미래를 구상해 보자.

참고문헌

박정연(2024.10.8). "[노벨상 2024] 챗GPT 낳은 인공 신경망 토대 구축 존 홉필드·제프리 힌턴 물리학상 영예(종합)". 동아사이언스. https://m.dongascience.com/news.php?idx=67822

스마트시티(2023). "스마트시티 개방형 데이터허브 아키텍처". 《테크니컬리포트》, 1(1).

이종현(2024.10.9). "[2024 노벨상] 올해 노벨 화학상에 데이비드 베이커·데미스 허사비스·존 점퍼". 조선일보. https://biz.chosun.com/science-chosun/science/2024/10/09/7NAYPWVCFZH2BDXJCCWR363YWI/

Acemoglu, D. & Restrepo, P.(2018). The race between man and machine: Implications of technology for growth, factor shares, and employment. *American Economic Review, 108*(6), pp.1488~1542.

Bella, K. et al.(2021). Data-Driven Economies: Foundations for Our Common Future. WEF White Paper.

Biever, C.(2023). ChatGPT broke the Turing test — The race is on for new ways to assess AI. *Nature, 619*(7971), pp.686~689.

Bijker, W. E.(1997). *Of Bicycles, Bakelites, and Bulbs: Toward a Theory of Sociotechnical Change*. The MIT Press.

Brynjolfsson, E. & McAfee, A.(2014). *The Second Machine Age: Work, Progress, and Prosperity in a Time of Brilliant Technologies.* W. W. Norton and Company.

Cusumano, M.A.(2010). Cloud Computing and SaaS as New Computing Platforms. *Communications of the ACM, 53*(4), pp.27~29.

Cusumano, M. A.(2023a). Generative AI as a new innovation platform. *Communications of the ACM, 66*(10), pp.18~21.

Cusumano, M. A.(2023b). NVIDIA at the center of the generative AI ecosystem – For Now. *Communications of the ACM, 67*(1), pp.33~35.

Fleming, L.(2001). Recombinant uncertainty in technological search. *Management Science, 47*(1), pp.117~132.

Gawer, A. & Cusumano, M.(2002). *Platform Leadership: How Intel, Microsoft, and Cisco Drive Industry Innovation.* Harvard Business Review Press.

Gröger, C.(2021). There is no AI without Data. *Communications of the ACM, 64*(11), pp.98~108.

Hinton, G. E. & Salakhutdinov, R. R.(2006). Reducing the dimensionality of data with neural networks. *Science, 313*(5786), pp.504~507.

Hopfield, J. J.(1982). Neural networks and physical systems with emergent collective computational abilities. *Proceedings of the National Academy of Sciences of the United States of America, 79*(8), pp.2554~2558.

HuczoK, Z. et al.(2025). Physical AI: The next AI wave?. Arthur D Little.
https://www.adlittle.com/en/insights/viewpoints/physical-ai

Kuhn, T. S.(1996). *The Structure of Scientific Revolutions.* University of Chicago Press.

Latour, B. & Woolgar, S.(1979). *Laboratory Life: The Construction of Scientific Facts.* Princeton University Press.

LeCun, Y. et al.(2015). Deep learning. *Nature, 521*, pp.436~444.

Lee, C.-M. et al.(2000). *The Silicon Valley Edge.* Stanford Business Books.

Levinthal, D. A.(1997). Adaptation on rugged landscapes. *Management Science, 43*(7), pp.934~950.

Nelson, R. R. & Winter, S. G.(1982). *An Evolutionary Theory of Economic Change.* Belknap Press.

Romer, D.(2012). *Advanced Macroeconomics*(5th ed.). McGraw-Hill.

Schwab, K.(2018). Shaping the Future of the Fourth Industrial Revolution: A Guide to Building a Better World. Currency.

Silver, D. et al.(2016). Mastering the game of Go with deep neural networks and tree search. Nature, 529, pp.484~489.

Silver, D. et al.(2017). Mastering the game of Go without human knowledge. Nature, 550, pp.354~359.

Solomonoff, G.(2023.5.6). The Meeting of the Minds That Launched AI. IEEE Spectrum.

Turing, A.(1950). Computing machinery and intelligence. Mind, 49, pp.433~460.

Varian, H. R.(1991). Microeconomic Analysis, 3rd Ed. W. W. Norton & Company.

01

비트 세대가 바라본 인간과 기계

1940년대 중반부터 비트 세대는 작지만 의미 있는 사회적 흐름을 만들고 있었다. 문학을 통해 인간의 존재 방식을 다르게 인식했으며 이는 서부를 중심으로 미국 전역으로 확산된 반문화로 이어졌다. 비트 세대가 낳은 반문화는 개인용 컴퓨터 산업의 발전 과정에서 중요한 정신적 토대로 작용한다. 관료주의적 통제 도구로 묵살되던 컴퓨터가 개인의 표현과 해방을 상징하는 것으로 변하기 시작했다.

기후 위기와 인공지능?

비트 운동의 중심지, '시티라이츠 서점'

구글 본사가 있는 '마운틴뷰'도, 애플 캠퍼스가 있는 '쿠퍼티노'도 아니었다. 2021년 2월, 근무지인 미국 실리콘밸리에 도착해서 짬이 나자마자 찾아간 곳은 샌프란시스코 콜럼버스 거리에 위치한 2층짜리 서점 '시티라이츠(City Lights)'였다. 1953년 문을 연 이 독립 출판 서점은 수십 년간 새로운 세계를 꿈꾼 젊은이들의 문화적 해방구가 되었다.

거대 사회의 부속품으로 전락하기를 거부한 1950~1960년대 미국 반문화 세대의 성지답게 서점 한켠은 비트(Beat) 문학 책으로 가득했다. 시 〈울부짖음(Howl)〉을 통해 획일화되는 세상에 맞선 시인 앨런 긴즈버그는 여전히 방문객들에게 아우성치고 있었다. 실험적 소설 《길 위에서(On the Road)》를 발표하며 미국 문학의 새로운 지평을 연 소설가 잭 케루악은 낯선 이들과의 만남을 멈추지 않고 있었다.

실리콘밸리에 왔는데 왜 작은 독립 서점부터 찾아갔을까? 비트 세대가 미국 서부에서 개인용 컴퓨터 산업의 태동에 미친 영향을 살펴보기 위해서다. 1940년대 중반부터 비트 세대는 작지만 의미 있는 사회적 흐름을 만들고 있었다. 문학을 통해 인간의 존재 방식을 다르게 인식했으며 이는 서부를 중심으로 미국 전역으로 확산된 반문화로 이어졌다. 비트 세대가 낳은 반문화는 개인용 컴퓨터 산업의 발전 과정에서 중요한 정신적 토대로 작용한다.

비트 운동의 기원은 1944년 소설가 윌리엄 버로스와 잭 케루악이 시인 앨런 긴즈버그를 만난 시점으로 거슬러 올라간다. 이후 세 작가는 유럽, 북아프리카, 뉴욕, 샌프란시스코 등을 여행했다. 세계를 돌며 만난 예술가들과 함께 "존재 자체가 곧 신이다"는 긴즈버그의 표현처럼 새로운 비전을 구축하려 노력했다.

비트 세대에게 냉전 사회는 도식적인 삶의 방식과 사고로 인해 병들어 있었다. 2차 세계대전 이후, 긴즈버그는 이렇게 회고했다. "감각의 둔화가 시작되었고, 머리는 신체 전체로부터 단절되었으며, 정신은 로봇처럼 기계화되었다"고 말이다. 이에 대항하기 위해 긴즈버그를 비롯한 비트 운동의 주창자들은 개인적이고 체화된 경험에 대한 중요성을 강조했다. 물질적 세계와 사회적 세계 모두가 의미로 충만하다고 여겼으며 그 의미는 깨달음의 상태로 지속 가능하다고 보았다.

미국 '서부'에서 출현한 개인용 컴퓨터

1950년대까지 컴퓨터 산업은 대부분 IBM이 주도하던 뉴욕 북부의 메인프레임 공장이나 MIT와 케임브리지 주변의 첨단 기술 고등 연구소를 중심으로 형성되었다. 하지만 1960년대로 접어들면서 새너제이와 샌프란시스코 사이의 작은 반도인 '베이 에어리어'는 정치적 시위와 반문화의 중심지인 동시에 새로운 컴퓨팅 패러다임을 배출하는 용광로가 되었다. 동부 중심 컴퓨터 산업 주류에서 떨어진 변방이었음에도 개인용 컴퓨터가 베이 지역에서 처음 출현한 것은 결코 우연이 아니다.

당시 '개인용 컴퓨팅(Personal Computing)'은 한 사람이 컴퓨터의 모든 기능을 조작할 수 있고, 그 기계가 '아이디어 증폭기'로서 반응할 수 있다는 개념이었다. 1960년대 이 개념은 이미 샌프란시스코 베이 지역에 널리 퍼지고 있었다. 개인용 컴퓨팅의 기반 기술에서 스탠퍼드 대학의 정부 지원 연구소 두 개의 역할이 결정적이었다. 이 두 연구소는 1960년대에 근본적으로 다른 철학을 기반으로 설립되었다.

마우스를 발명하고 그래픽 유저 인터페이스를 도입한 선구자 더글러스 엥겔바트가 이끄는 '스탠퍼드 연구소(SRI)'의 인간 지능 증강 연구센터는 강력한 컴퓨터가 인간의 지능을 실질적으로 증강할 수 있다는 개념에 기반하고 있었다. 반면 존 매카시(John McCarthy)가 주도한 '스탠퍼드 인공지능 연구소(SAIL)'는 인간 지능을 시뮬레이션하는 기계를 만드는 것이 목표였다.

엥겔바트는 기계로 인간의 마음을 증강(augment)하려 했고 매카시는 기계로 인간의 마음을 대체(replace)하려 했다. 1960년대를 거치며 각 연구소에는 초기부터 중요한 통찰을 공유한 연구자들이 있었다. 그들은 당시 샌타클래라 밸리에서 뿌리내리고 있던 마이크로 전자 산업의 중요성을 이해하고 있었다.

이 통찰은 실리콘 칩의 본질은 '계산 능력의 지속적 증가'라는 것이었다. 실리콘 웨이퍼 위에 새겨지는 트랜지스터의 크기가 작아질수록 속도는 가속화된다. 트랜지스터의 크기를 절반으로 줄이면 칩 위의 회로 면적은 네 배가 된다. 컴퓨터의 속도와 용량은 계속 증가하고, 비용은 줄어들며, 컴퓨터 크기는 작아진다. 현재로서는 단순한 통찰로 보이지만 당시 이를 깨달은 사람들에게는 "정신이 무한대로 확장될 수 있다"는 비범한 시각이었다.

1960년대 초, 집적 회로로 작업하던 소수의 컴퓨터 디자이너와 엔지니어들은 이 기술이 단지 우주 탐사나 핵미사일을 위한 것일 뿐 아니라 엄청난 경제적 잠재력도

지니고 있다는 사실을 간파했다. 반도체 제조 역량이 향상되면 한때 소수가 사용하던 컴퓨터가 언젠가 모든 사람의 손에 들려 있을 것이라는 비전이 현실로 다가오고 있었다.

물론 이러한 통찰은 냉전 시기 지정학적 도전 두 가지에서 추진력을 얻었다. 인간을 달에 보내는 프로젝트와 대륙간 탄도 미사일(ICBM) 탄두에 항법 회로를 삽입하는 노력에서 비롯된 결과였다.

그럼에도 당시 선구자들에게 기술의 미래는 분명해 보였다. 스탠퍼드 대학 연구소에서 사용하던 초기 컴퓨터는 데스크톱 크기도 아니었고, '개인용'도 아니었지만 상호작용성과 개인의 통제권이라는 핵심 개념은 그들의 설계물에 빠르게 내재되었다.

개인의 표현과 해방을 상징하게 된 '컴퓨터'

개인용 컴퓨팅의 개념은 분명 1960년대에 태동했다. 1960년대 샌프란시스코 베이 지역은 과학, 정치, 예술, 상업이 교차하는 시대적 현장이자 급격한 변화의 중심이었다. 1950년대 미국, 컴퓨터는 거대하고 중앙집중적인 관료주의 체제의 상징으로 비판을 받고 있었다. 많은 이들이 컴퓨터는 인간의 자유를 억압하기 위해 만들어졌다고 주장했고 초인간적 기계를 만드는 컴퓨터 기술자들은 비난받았다.

10년이 지나며 이러한 인식은 급격히 바뀌었다. 관료주의적 통제 도구로 묵살되던 컴퓨터가 개인의 표현과 해방을 상징하는 것으로 받아들여지고 있었다.

1967년 여름, 미국 샌프란시스코 해이트-애슈베리(Haight-Asubury) 거리로 가 보자. 한 장발의 시인이 행인들에게 전단지를 나눠준다. 전단지에는 3연짜리 시가 쓰여 있다. 시의 제목은 〈은혜로운 기계의 보살핌을 받는 우리 모두(All Watched Over By Machines of Loving Grace)〉다.

> "나는 소나무와 전자 기술로 가득 찬 인공 두뇌의 숲을 생각하기를 좋아한다. 마치 컴퓨터가 꽃인 것처럼 사슴들이 평화롭게 컴퓨터 사이를 거니는 숲을."

이 시의 작가는 미국 서부를 중심으로 활동한 리처드 브라우티건이다. 1935년에 태어난 그는 당시 미국 젊은이들을 대변하는 비트 세대의 주요 인물로 20~30대 시절에 '시티라이츠 서점'을 무대로 활동했다. 언뜻 문명을 벗어나 전원으로 회귀하자고 주장할 것처럼 보이는 이가 기계와 인간의 조화를 꿈꾸는 시를 썼다는 사실은 의외다. 또한 당시 미국 서부에서 유행한 슬로건이 "켜고 부팅하고 교감하라(Turn On, Boot Up, and Jack In)"였다는 사실에서 기계를 바라보는 인간의 급격한 인식 변화를 짐작할 수 있다.

컴퓨터에 대한 인식의 진화는 세계적으로 벌어진 변화들과 궤를 함께한다. 1960년대 말까지 미국은 정치적 · 사회적 격변에 휩싸이며 이전 10년 동안 중산층이 안락하게 누리던 외양을 벗겨냈다. 시민권 운동, 환각문화, 여성 운동, 환경 운동, 반전 운동은 전쟁 이후 미국의 이상을 거부하는 '반문화' 흐름에 기여했다.

'인간 지능'을 증강하는 기계의 가능성

당시 반문화 운동은 현대판 러다이트(Luddite)와 기술애호가(Technophile)로 분열되어 있었다. 러다이트는 기술을 거부하고 '자연으로 돌아가자(Back-to-the-land)'는 철학을 지지했으며, 기술 애호가는 도구가 사회적 진보를 이끌 수 있다고 믿었다.

후자를 대표하는 인물이 앞서 언급한 스탠퍼드 연구소의 엥겔바트다. 그는 컴퓨터가 단순히 숫자를 계산하는 도구를 넘어설 수 있는 가능성을 일찍부터 깨달았다.

그는 컴퓨터가 인간 의사소통을 도우며, 지능의 범위를 넓히는 기계가 될 수 있다는 사실을 예견했다.

엥겔바트의 지능 증강 프레임워크(Augmentation Framework)는 베이 에어리어의 정치적 · 문화적 분위기에서 깊은 영향을 받은 소수의 연구자들과 함께 실현되었다. 실제로 스탠퍼드 연구소에서 엥겔바트의 연구팀은 '괴짜(fringe)'로 여겨졌다.

짧은 머리, 하얀 셔츠, 넥타이로 대표되는 전통적 공학자 집단의 중심에 장발과 수염, 동양풍 양탄자가 깔린 방, 브래지어를 착용하지 않은 여성, 포도주 주전자, 마리화나 연기까지 감도는 작은 공동체가 나타난 것이다. 이들 실험실의 복도를 걷는 것만으로도 당시 메인프레임 컴퓨팅이 지배하던 보수적 문화와 개인용 컴퓨팅이라는 신생 비전 사이의 문화적 간극을 느낄 수 있을 정도였다.

엥겔바트의 미래 컴퓨팅에 대한 관점은 당시 컴퓨팅 업계의 주류 원칙과 정면으로 충돌했다. 당시 업계는 머지않아 인공지능(AI)이 현실화되어 '생각하는 기계'들이 세상을 차지할 것이라는 믿음에 지배되고 있었다. 그런 시대에 엥겔바트가 주장한 것은, 컴퓨터가 인간의 지능을 '대체'하는 것이 아니라 '증강'해야 한다는 발상이었다. 엥겔바트의 지능 증강 철학은 인간을 기계로 대체하고자 했던 인공지능의 이상과는 거의 정반대의 입장이었다. 이러한 시스템은 사무실에서 비서 업무를 향상시키는 보조 도구로는 괜찮을지 몰라도, 진정한 '컴퓨터 과학'으로는 인정받지 못했다. 하지만 바로 엥겔바트의 이 초기 영감에서 개인용 컴퓨터와 인터넷이라는 두 혁신이 탄생했다.

많은 한국인에게 실리콘밸리는 컴퓨터광들이 모여 사는 기술 중독 사회로 치부된다. 하지만 통시적으로 샌프란시스코를 둘러싼 지역에는 기술을 통해 인간의 이상을 구현하려는 거대한 움직임이 있었다. 실리콘밸리의 탄생에는 여러 요인이 있겠지만 지금까지 살펴본 사회 · 문화 · 정신적 토대가 뒷받침되지 않았다면 혁신 중심지의 생명력은 길지 못했을 것이다.

기술적으로 이미 세계 최고 수준에 근접한 한국에 시급한 것은 새로운 세상을 꿈꾸는 시적, 문학적, 예술적 상상력일지 모른다. 누군가 실리콘밸리를 여행하러 간다면 애플파크에 가는 것도 좋고 구글 캠퍼스를 둘러보는 것도 좋지만 꼭 한번 시티라이츠 서점을 들르라고 권하고 싶다.

참고문헌

김욱진(2021). "혁신의 뿌리는 저항정신과 반문화". 《이코노미인사이트》, 137, 110~112쪽.

김욱진(2024.4.15). "기술과 예술의 교차 속 '사과씨앗' 찾기". 내일신문. https://www.naeil.com/news/read/507380?ref

Brautigan, R.(1967). *All Watched Over by Machines of Loving Grace*. Thc Communication Company.

Ginsberg, A.(1956). *Howl and Other Poems*. City Lights Books. 김목인·김미라 옮김(2017). 《울부짖음 그리고 또 다른 시들》. 1984.

Ginsberg, A. et al.(1966). *City Lights Journal Number Three*. City Lights Books.

Isaacson, W.(2011). *Steve Jobs*. Simon & Schuster. 안진환 옮김(2011). 《스티브 잡스》. 민음사.

Kerouac, J.(1957). *On the Road*. Viking Press. 이만식 옮김(2009). 《길 위에서 1, 2》. 민음사.

Lardas, J.(2001). *The Bop Apocalypse: The Religious Visions of Kerouac, Ginsberg, and Burroughs*. University of Illinois Press.

Markoff, J.(2005). *What the Dormouse Said: How the Sixties Counterculture Shaped the Personal Computer Industry*. Penguin Books.

Turner, F.(2006). *From Counterculture to Cyberculture: Stewart Brand, the Whole Earth Network, and the Rise of Digital Utopianism*. University of Chicago Press.

02
사과 농장 히피 공동체와 기술 기업 '애플'

젊은 시절 오리건 주 포틀랜드에서 사과 농장 공동체 생활을 하던 스티브 잡스는 비즈니스 영역에 뛰어들어서도 자신의 히피 정체성을 잃지 않았다. 사과 농장 시절을 떠올리며 컴퓨터 회사 이름을 '애플'로 지을 만큼 열성적이었던 그는 억만장자가 되고도 여전히 반문화 세계의 시민이었다. '애플'과 '컴퓨터'라는 이질적 단어의 조합에서부터 반문화 정체성을 직접 드러내고 있었다.

노래하는 AI 보컬?

사과 농장 공동체 출신 '애플' 창업자

망망대해와 같은 실리콘밸리에서 막막함을 떨쳐내는 방법은 지역을 대표하는 인물의 흔적을 좇는 것이었다. 그리고 그 인물은 예술적 상상력을 테크놀로지로 풀어낸 기업인이어야 했다. 인간 문화와 과학 기술의 경계에 서서 해답을 찾으려 한 대표적 인물은 누구일까. 사후 10년이 넘은 지금까지 21세기를 표상하는 두 영역의 경계인은 애플의 공동창업자 '스티브 잡스'다.

잡스가 사망한 후 영국 BBC에서 방영한 다큐멘터리 제목은 '억만장자 히피(Billion Dollar Hippy)'였다. 젊은 시절 오리건 주 포틀랜드에서 사과 농장 공동체 생활을 하던 그는 비즈니스 영역에 뛰어들어서도 자신의 히피 정체성을 잃지 않았다. 사과 농장 시절을 떠올리며 컴퓨터 회사 이름을 '애플'로 지을 만큼 열성적이었던 그는 억만장자가 되고도 여전히 반문화 세계의 시민이었다.

잡스는 젊은 시절, 마음이 맞는 구도자들과 함께 사과 농장 공동체에서 머물곤 했다. 그는 동양 종교에 심취한 다른 거주자와 사과나무 가지치기 작업을 관리하는 일을 맡았으며 오랜 시간 과일만 먹는 식단을 실험했다. 이때의 경험은 1976년 그가 회사를 창업하며 이름을 '애플 컴퓨터'로 짓는 데 결정적으로 작용한다. '애플'과 '컴퓨터'라는 이질적인 단어의 조합에서부터 반문화 정체성을 혁명적으로 드러냈다.

잡스의 접근법은 두 영역의 교차점(intersection)에 서는 것이다. CNN 대표를 지냈고 잡스의 공식 전기 작업을 한 월터 아이작슨은 고등학교 시절 잡스가 "전자 공학에 광적으로 빠져 있는 부류와 문학 · 창작에 몰두하는 부류의 교차점에 선 자신을 발견했다"고 서술한다. 잡스가 리드 대학을 자퇴하고도 캘리그래피 수업을 의도적으로 청강한 일화 역시 "자신을 예술과 기술의 교차점에 세워 놓으려고 시도한 사례"로 해석한다.

잡스는 사망 직전 마지막 제품 발표에서 직접적으로 이를 설파했다. "기술만으로는 충분하지 않다는 것이 애플의 DNA입니다. 인간 문화와 결합한 과학 기술만이 가슴을 울리는 결과를 만들 수 있습니다"라는 발언에서 잡스의 철학을 어렵지 않게 이해할 수 있다.

잡스의 인생을 통틀어 보면 그는 뼛속까지 반문화주의자, 즉 히피(hippie)였다. 그가 선택한 오리건 주 포틀랜드의 리드(Reed) 대학교는 자유로운 정신과 히피 생활방식으로 유명했다. 대학 시절 잡스는 영성과 깨달음에 심취했다. 동양 사상과 선(禪)불교에 대한 잡스의 관심은 젊은 시절의 객기나 잠시 스쳐가는 흥미가 아니었다. 잡스는 특유의 열정으로 직관적 통찰을 수련했고 그의 인생 전체를 관통하는 본질이 되었다.

도구로 향하는 통로, '홀 어스 카탈로그'

2005년 스탠퍼드 대학 졸업식에서 잡스는 "늘 배고프게, 늘 우직하게 갈망하라(Stay Hungry, Stay Foolish)"며 축사를 마무리한다. 이는 잡스가 처음 한 말이 아니다. 그는 이 표현이 자신이 즐겨본 1960~1970년대 반문화 세대의 교본 〈홀 어스 카탈로그(Whole Earth Catalog)〉의 슬로건임을 연설에서 명확히 밝힌다.

새로운 세상을 실험하기 위해 많은 히피들이 자연에서 공동체를 만들었지만 일부는 테크놀로지에서 미래를 보았다. 반문화 히피족과 컴퓨터광이 조화를 이루도록 기여한 가장 중요한 인물은 〈홀 어스 카탈로그〉를 창간한 '스튜어트 브랜드(Stewart Brand)'다. 〈홀 어스 카탈로그〉 표지에는 우주에서 본 지구 사진이 실렸는데 '도구로 향하는 통로(access to tools)'라는 부제가 붙어 있다. 브랜드가 만든 간행물의 기본 철학은 기술이 인간의 친구가 될 수 있다는 신념이었다.

브랜드는 1995년 타임지에 실은 에세이 〈우리는 히피에 모든 것을 빚지고 있다(We Owe It All to the

Hippies)〉에서 "중앙집권적 권위에 대한 반문화적 저항이, 리더가 없는 인터넷뿐 아니라 개인용 컴퓨터 혁명 전체의 철학적 기초를 제공했다"고 말했다. 《사토리에서 실리콘밸리까지(From Satori to Silicon Valley)》(1986)를 쓴 시어도어 로자크(Theodore Roszak)도 같은 주장을 펼친다. 로자크 역시 개인용 컴퓨터 산업의 부상을 당시 반문화적 가치와 결합해 설명하고 있다.

브랜드의 '도구 중심적(toolcentric)' 세계관은 1968년 처음 출간되어 시대를 대표하는 잡지가 된 〈홀 어스 카탈로그〉에 잘 드러난다. 그는 잡지를 통해 기술이 보다 민주적이고 탈중앙화된 방식으로 활용될 수 있음을 보여 주었다. 이 잡지는 결국 한 세대의 세계관에 영향을 주었으며, 컴퓨터 기술이 정치 혁명이나 환경 보호와 같은 목표를 위해서도 사용될 수 있다는 믿음을 심어주었다.

브랜드는 개인용 컴퓨터에 기반한 사이버 세계의 등장을 기술 산업의 외부인 중 가장 먼저 포착한 인물이다. 그는 스탠퍼드 캠퍼스를 중심으로 발전하고 있던 새로운 형태의 컴퓨팅과 의식 확장의 유사성을 일찌감치 간파했다. 1972년, 그는 새롭게 떠오르던 컴퓨터 세계에 대한 일련의 단편을 모아 《롤링 스톤(Rolling Stone)》지에 〈스페이스 워: 컴퓨터 괴짜들 사이의 광적인 삶과 상징적 죽음(Spacewar: Fanatic Life and Symbolic Death among the Computer Bums)〉이라는 기사를 싣는다. 2년 뒤인 1974년 그는 이 기사를 확장해 《사이버네틱 선구자(II Cybernetic Frontiers)》를 출간한다. 여기서 브랜드는 '퍼스널 컴퓨터(personal computer)'라는 용어를 대중적으로 처음 소개했다.

시대정신을 꿰뚫은 '스튜어트 브랜드'

브랜드는 당시 시대정신(zeitgeist)을 적확히 인지했다. 〈홀 어스 카탈로그〉는 처음에는 기고인들이 중심이 된 공동체 기반의 소수 독자로 여정을 시작했다. 3년 만에 이 잡지는 폭넓은 대중에게까지 큰 영향을 미치게 된다.

1968년 창간부터 1971년까지 〈홀 어스 카탈로그〉의 콘텐츠를 종합적으로 살펴보면 이 잡지는 큰 틀에서 네 개의 사회 집단에서 원고를 받았다. 대학 · 정부 · 산업 기반의 과학 기술계, 뉴욕과 샌프란시스코의 예술계, 샌프란시스코 베이 지역의 히피 공동체, 그리고 1960년대 후반 미국 전역에 걸쳐 등장한 공동체(commune)들이 그것이다.

이 네 집단들이 잡지의 지면에서 서로 의견을 교환하

는 과정에서 〈홀 어스 카탈로그〉는 산업과 첨단 과학의 지적 · 기술적 산물이 동양 종교, 신비주의, 귀농 운동(back-to-the-land movement)과 같은 공동체 사회 이론과 교류하는 독보적 매체가 되었다.

동시에 〈홀 어스 카탈로그〉는 지리적으로 분산된 공동체의 상징이자 기반으로 올라섰다. 발간을 거듭하며 독자 투고가 쏟아지는 가운데, 기고인과 독자들은 자신이 속한 사회적 · 지적 경계를 넘나들게 되었다. 이들은 다양한 학문 간의 융합인(interdisciplinarian)이 되었고, 정보와 기술이 사회적으로 삶을 어떻게 재편할 수 있는지 새롭게 이해해 나갔다. 이들의 주장을 정리하면 "기술은 소규모여야 하며 개인의 의식 성장에 기여해야 한다, 기술은 정보에 기반하며 동시에 개인화되어야 한다"는 것이었다.

기고인과 독자들은 또한 창의적 기업가 정신과 위계 없는 사회 조직 형태(heterarchy)를 찬양했다. 신체적 기반이 없는 공동체 '디지털 커뮤니티'도 실현 가능한 이상이라고 보았으며 기술-사회 시스템이 황홀한 공동체 체험의 장이 될 수 있다고 생각했다.

시간이 흐르며 브랜드의 신념, 이에 기반한 독자 · 기고인 네트워크, 그리고 〈홀 어스 카탈로그〉 그 자체는 퍼스널 컴퓨터와 네트워크가 '해방의 도구'로 인식되는 문화적 밑바탕을 형성했다. 당시 샌프란시스코 베이 지역의 문화와 기술이 어우러진 강렬한 분위기는 퍼스널 컴퓨터 산업 초기 개척자들의 개인적 이야기에도 뚜렷이 남아 있다. 또한 이들의 개인적 서사는 역사로 이어진다.

다르게 생각하라(Think different)

대표적 사례가 바로 스티브 잡스다. 그는 〈홀 어스 카탈로그〉의 열성팬으로 스탠퍼드 대학 졸업 연설에서 인용한 "Stay Hungry, Stay Foolish" 문구가 적힌 최종판에 완전히 매료되었다. 대학 생활을 할 때와 사과 농장에서 지낼 때도 책자를 곁에 둘 정도였다. 훗날 브랜드는 〈홀 어스 카탈로그〉가 지향한 '기술과 문화의 융합'을 가장 잘 구현한 인물로 잡스를 꼽았다.

기부, 자선, 환경 문제 등 사회 운동에 앞장서는 록밴드 유투(U2)의 리더 보노(Bono)는 반문화에 대해 이렇게 평가했다. "록 음악과 반항 정신에 바탕을 둔 반문화 세대가 퍼스널 컴퓨터 산업이 태동하는 데 크게 기여했습니다. 21세기를 창조한 사람들은 결국 잡스와 같은 미국 서부 해안 지역의 히피들이었습니다. 왜냐면 그들은 다르게 사고할 줄 알았으니까요. 색다른 사고방식은 그

간 존재하지 않던 새로운 세상을 상상할 수 있는 밑바탕이 됐습니다. 미국 동부나 영국, 독일, 일본의 기존 전통 세대들은 그런 종류의 사고를 장려하지 않습니다."

이처럼 실리콘밸리에는 오랜 세월 새로운 세계를 꿈꾼 청년들의 강한 열망이 축적되어 있다. 1997년 애플의 '다르게 생각하라(Think Different)' 광고는 이를 보다 직접적으로 설파했다. 이 광고는 애플 컴퓨터의 기능과 장점을 전혀 강조하지 않는 대신 창의적인 사람이 컴퓨터를 이용해 성취할 수 있는 진보가 무엇인지 느낄 수 있도록 만들어졌다. 다르게 생각할 줄 아는 세상의 모든 미친 사람들을 향한 반문화적 응원의 메시지나 다름없다.

광고 문구처럼 그들은 흔히 '부적응자, 반항아, 사고뭉치, 네모난 구멍에 박힌 둥근 말뚝 같은 사람, 세상을 다르게 바라보는 이'로 비춰진다. 하지만 혁신은 문자 그대로 묵은 풍속, 관습, 조직, 방법을 완전히 바꿔서 새롭게 하려는 시도에서 시작된다. 세상을 바꿀 수 있다고 생각한 엉뚱하고 허무맹랑한 사람들이 혁신의 중심에서 기술 혁명의 주인공으로 우뚝 섰다.

실리콘밸리의 기원을 다룬 책 《생각을 빼앗긴 세계》의 저자 프랭클린 포어는 말한다. "혁신은 마술처럼 갑자기 나타나거나 단순히 과학적 논리대로 진행되는 것이 아니다. 문화가 혁신을 낳는다"고 말이다.

베이 지역에서 1960~1970년대를 보낸 이들의 이야기를 들으면 들을수록 정보 통신 기술을 창조한 사람들의 삶과 시대를 이해하지 않고서는 실리콘밸리의 태동을 설명할 수 없다는 사실을 깨닫게 된다. 1960~1970년대 히피 세대가 중심이 되어 강력한 사회적 조류를 형성한 '베이 지역'이 정보 통신 기술의 중심지 '실리콘밸리'로 성장한 배경에는 분명 '반문화'가 존재하고 있다.

참고문헌

김욱진(2021). "혁신의 뿌리는 저항정신과 반문화". 《이코노미인사이트》, 137, 110~112쪽.

김욱진(2024.4.15). "기술과 예술의 교차 속 '사과씨앗' 찾기". 내일신문. https://www.naeil.com/news/read/507380?ref

Brand, S.(1972.12.7.). Spacewar: Fanatic Life and Symbolic Death among the Computer Bums. Rolling Stone. https://www.wheels.org/spacewar/stone/rolling_stone.html

Brand, S.(1974). *Whole Earth Epilog*. Point Foundation.

Brand, S.(1995.3.1). We Owe It All to the Hippies. Time. https://time.com/archive/6726954/we-owe-it-all-to-the-hippies

Foer, F.(2017). *World Without Mind*. Penguin Press. 박상현·이승연 옮김(2019). 《생각을 빼앗긴 세계》. 반비.

Gray, L. C. et al.(2011). 〈Steve Jobs: Billion Dollar Hippy〉.

BBC.

Isaacson, W.(2011). *Steve Jobs*. Simon & Schuster. 안진환 옮김(2011). 《스티브 잡스》. 민음사.

Jobs, S.(2005). 'You've got to find what you love,' Jobs says(Stanford Commencement Address). Stanford Report. https://news.stanford.edu/stories/2005/06/youve-got-find-love-jobs-says

Jobs, S.(2011). 〈iPad 2 Keynote Address in San Francisco(Speech transcript)〉.
https://www.youtube.com/watch?v=M-str1pVX80

Markoff, J.(2005). *What the Dormouse Said: How the Sixties Counterculture Shaped the Personal Computer Industry*. Penguin Books.

Roszak, T.(1986). *From Satori to Silicon Valley: San Francisco and the American Counterculture*. Don't Call It Frisco Press.

Turner, F.(2006). *From Counterculture to Cyberculture: Stewart Brand, the Whole Earth Network, and the Rise of Digital Utopianism*. University of Chicago Press.

03

언론 자유 운동에서 비롯한 홈브루 컴퓨터 클럽

1964년 10월, UC버클리 캠퍼스는 언론 자유 운동이 한창이었다. 전기 공학을 전공하던 '리 펠젠스타인'은 기술을 무기 삼아 투쟁에 참여하기로 결심한다. 10여 년이 흐른 1975년 3월, 펠젠스타인은 "개인용 컴퓨터가 실제로 생겨난다면 어떤 모습일까"를 궁리하며 동호회를 출범한다. 모임의 이름은 '홈브루 컴퓨터 클럽'이었다. 이 클럽에서 활동한 대표적 인물이 애플을 공동 창업한 스티브 잡스와 스티브 워즈니악이다.

인공지능과 편향?

조앤 바에즈와 '시민 불복종'

실리콘밸리 근무가 막바지로 접어들던 어느 날, 샌프란시스코와 새너제이를 연결하는 광역 철도를 타고 UC버클리를 찾았다. 미국에서 학교를 다닌 적은 없지만 대학이 주는 자극이 필요할 때마다 캠퍼스를 방문했다. 역동적이고 자유로움이 느껴지는 UC버클리의 분위기에 한껏 끌렸다.

방문에는 목적이 있었다. 2023년 5월 6일부터 이틀 동안 버클리 시내에서 제9회 베이 지역 도서 축제가 열렸기 때문이다. 인공지능과 경쟁하는 이 시대의 인간에게 책이 무슨 의미인지 힌트를 얻고 싶었다. 무엇보다 싱어송라이터이자 인권운동가인 조앤 바에즈(Joan Baez)가 연사로 나선다는 소식을 듣고 마음이 동했다.

1960~1970년대를 풍미한 포크 가수 조앤 바에즈는 젊은 시절 밥 딜런과 스티브 잡스의 연인으로도 유명하다. 베이 지역에서 그가 고등학생 시절 행동으로 옮긴 '시민 불복종(civil disobedience)'은 많은 이들에게 깊은 인상을 남겼다.

때는 1958년 2월 6일, 장소는 실리콘밸리의 팔로알토(Palo Alto)다. 팔로알토 고등학교를 다니던 조앤 바에즈는 졸업을 앞두고 프랑스어 수업 중 재난 대비 방위 훈련에 동참하라는 요청을 받는다. 거창하게 들리지만 전교생이 학교를 일찍 파하고 집에 가서 지하실에 숨는 방식으로 훈련은 진행됐다. 많은 학생들이 이 훈련을 오후 하우스파티에 가는 기회로 받아들였지만 바에즈는 하교를 거부했다.

물리학 교수였던 아버지도 재난 대비 방위 훈련이 전혀 실효적이지 않다며 고등학생 딸을 지지한다. 바에즈의 하교 거부 소식은 다음날 지역 언론 '팔로알토 타임스'에 비중 있게 실리며 그녀는 유명세를 얻는다. 반문화를 상징하는 포크 가수로서의 저항적 행보가 이때부터 시작됐다.

반전 운동가에서 컴퓨터 애호가로

개인용 컴퓨터가 탄생하기 전부터 베이 지역에는 바에즈와 같은 평화 운동가와 공동체 조직가들이 존재했다. 프레드 무어(Fred Moore)도 그중 하나였다. 펜타곤에 근무하던 육군 대령의 아들인 그는 1959년 UC버클리에서 공학을 전공하기 위해 서부로 왔다. 당시는 베트남에서 미군의 병력 증대가 시작되기 전이지만 무어는 입학 후 반전 시위자가 되기로 결심한다. 그는 UC버클리 캠퍼스의 스프라울(Sproul) 플라자에서 ROTC를 비난하는 팻말을 들고 야영을 시작했다.

시위는 이틀 만에 끝나고 우여곡절을 겪지만 무어는 1962년 UC버클리에 재입학해 저항적 삶을 이어갔다. 그는 징집 거부로 2년 간 감옥에 수감되었고 1968년 팔로알토로 이주했다. 아내는 가족을 남기고 떠났으며 아기나 다름없는 딸과 함께 폭스바겐 밴을 타고 떠도는 삶이 시작됐다.

무어는 팔로알토에서 반전 운동가가 되기를 바랐지만 '스탠퍼드 메디컬 센터'에서 컴퓨터를 발견하고 여기에 완전히 빠져들었다. 아무도 그를 쫓아내지 않았기에 낮에는 병원에서 컴퓨터를 다루며 시간을 보낼 수 있었다.

무어는 점점 컴퓨터가 사람들에게 삶의 통제권을 쥐어주고 공동체를 형성하게 도울 것이라는 신념을 갖게 되었다. 사람들이 컴퓨터를 개인의 자율성과 학습을 위한 도구로 사용할 수 있다면 시민들은 군산 복합체의 지배에서 벗어날 수 있다고 믿었다.

이러한 신념을 바탕으로 무어는 자연스레 팔로알토와 멘로파크에서 〈홀 어스 카탈로그〉를 기반으로 형성된 테크노-히피 생태계 단체와 연결된다. 피플스 컴퓨터 컴퍼니(People's Computer Company)가 대표적이었다. 이름과 달리 이는 실제 회사가 아니었고 출판물을 통해 지역 사회의 컴퓨터 접근성을 향상하고 교육을 제공하는 단체였다. 허름한 뉴스레터를 만들었지만 그들은 "컴퓨터 권력을 사람들에게"라는 모토를 내세웠다. 1972년 10월 창간호 표지에는 석양 속으로 항해하는 배의 그림과 함께 다음과 같은 손글씨 선언문을 게재했다.

> "컴퓨터는 대부분 사람을 위한 것이 아니라 사람에 반하여 사용된다. 사람을 자유롭게 하기보다 통제하는 데 사용되고 있다. 모든 걸 바꿀 시간이다. 우리에겐 사람들을 위한 컴퓨터 회사가 필요하다."

피플스 컴퓨터의 뉴스레터는 컴퓨터 교육, BASIC 프로그래밍, 학습 박람회, 자가 기술 축제 등과 관련된 이야기를 실었다. 이는 전자제품광, DIY 애호가, 지역 학습 조직가를 하나로 연결하는 역할을 했다.

통신 기술로 투쟁에 나선 '언론 자유 운동'

UC버클리 출신으로 반문화와 컴퓨터를 연결한 또 다른 인물은 리 펠젠스타인(Lee Felsenstein)이다. 그는 UC버클리에서 전기 공학 학위를 받은 반전 운동가였다. UC버클리에서 학생 운동이 한창이던 시절, 그는 정치 운동가의 공동체 조직 본능과 전자 기기에 열광하는 괴짜 성향을 결합해 통신 도구와 네트워크를 구축했다.

〈홀 어스 카탈로그〉의 열렬한 독자였던 펠젠스타인은 미국 공동체 문화에 깃든 DIY 정신을 높이 평가했다. 특히 통신 도구에 대한 공공의 접근을 통해 정부와 대기업으로부터 권력을 되찾을 수 있다는 믿음을 갖고 있었다.

그가 1963년 UC버클리에 입학했던 때는 베트남 전쟁을 두고 반전 운동이 본격화된 시기였다. 그는 비트 세대를 대표하는 시인 '앨런 긴즈버그'와 함께 남베트남 고위 인사의 방문에 항의하는 시위에도 참여했다. 시위가 길어지며 그는 화학 실험 수업에 늦지 않기 위해 택시를 타고 캠퍼스로 돌아왔다.

1964년 10월, UC버클리 캠퍼스는 언론 자유 운동이 한창이었다. 펠젠스타인은 기술을 무기 삼아 투쟁에 참여하기로 결심한다. "우리는 비폭력적 무기를 찾고 있었고, '정보의 흐름'이야말로 가장 강력한 비폭력 무기라는 걸 깨달았어요." 그의 말이다.

펠젠스타인의 중요한 통찰은 '새로운 형태의 통신 네트워크야말로 거대한 제도권으로부터 권력을 되찾을 수 있는 가장 효과적 방법'이라는 것이었다. 그는 이것을 언론 자유 운동의 본질로 보았다.

그는 사람과 사람 간 소통을 촉진할 수 있는 정보 구조가 어떤 형태일지 고민하기 시작했다. 처음에는 인쇄 매체를 시도해 자신이 속한 학생 협동조합의 뉴스레터를 창간했고, 이후 지하 주간지 《버클리 바브(Barb)》에도 참여했다. 그는 인쇄물이 새로운 공동체 매체가 될 것으로 기대했지만 곧 실망한다. "점점 중앙집중적 구조로 변하더니 볼거리만을 판매하는 형태가 되었어요." 펠젠스타인의 고백이다.

그는 미래 사회를 형성할 힘이 매체 유형의 차이에서 갈린다고 내다봤다. 우선 텔레비전처럼 중앙 지점에서 동일한 정보를 전송하고 수신자로부터 아무런 피드백 채널도 제공하지 않는 방송 매체 방식이 있었다. 다른 하나는 비(非) 방송형 매체로 '모든 참여자가 정보 수신자인 동시에 정보 생산자'인 형태였다. 펠젠스타인은 네트워크로 연결된 컴퓨터야말로 사람들이 자신의 삶을 통제할 수 있는 도구라고 생각했다. 그는 이러한 기술을 통해 권력의 중심이 '사람들'에게 이전될 것으로 예상했다.

펠젠스타인은 이 아이디어를 붙들고 늘어졌다. 바로 컴퓨터 네트워크에 대한 공공의 접근이 가능해지면 사람들은 DIY 방식으로 관심사 기반 공동체를 형성할 수 있다는 것이었다. 이름하여 '커뮤니티 메모리(Community

Memory)' 프로젝트였다. 이 프로젝트는 컴퓨터를 공공 전자 게시판으로 사용하는 것이었다. 이 프로젝트의 전단지에는 다음과 같은 선언문이 적혀 있었다.

> "계층 없는 커뮤니케이션 채널-컴퓨터와 모뎀, 펜과 잉크, 전화, 직접적 대면-이야말로 우리가 공동체를 되찾고 활기를 불어넣을 수 있는 수단입니다."

커뮤니티 메모리는 이후 인터넷 게시판 시스템(BBS)과 《웰(WELL)》 같은 온라인 서비스의 선구자 역할을 했다. 펠젠스타인은 이렇게 회고했다.

> "우리는 사이버 스페이스의 문을 열었고, 그곳이 따뜻한 세계라는 것을 발견했습니다."

홈브루 컴퓨터 클럽 만든 '리 펠젠스타인'

펠젠스타인은 천부적 조직가답게 자신의 철학을 공유하는 사람들과 공동체를 만들기로 결심한다. 그는 프레드 무어와 함께 피플스 컴퓨터 센터의 저녁 모임에 주기적으로 참석하고 있었다. 다른 단골 참가자는 키가 크고 마른 엔지니어 고든 프렌치(Gordon French)였다. 프렌치

역시 자신의 컴퓨터를 직접 만드는 것을 좋아했다. 이들이 모여 계속 토론한 주제는 "개인용 컴퓨터가 실제로 생겨난다면 어떤 모습일까"였다.

1975년 초 저녁 모임을 마치며 무어, 프렌치, 펠젠스타인은 새로운 동호회를 출범하기로 결정했다. 그들이 만든 팸플릿에는 이렇게 적혀 있었다.

> "당신은 컴퓨터를 직접 만들고 있나요? 단말기? TV 타자기? I/O 장치? 아니면 디지털 마법 상자 같은 것? 그렇다면 비슷한 관심을 가진 사람들과의 만남에 참여해 보세요."

'홈브루 컴퓨터 클럽(Homebrew Computer Club)'이라는 이름이 붙은 이 동호회의 첫 모임은 1975년 3월 5일 비오는 저녁, 고든 프렌치의 멘로파크 차고지에서 열렸다. 머지않아 홈브루 컴퓨터 클럽은 당시 베이 지역에서 활동하던 디지털 세계의 열성적 인물들 간 교차점으로 급성장한다.

펠젠스타인은 홈브루 컴퓨터 클럽을 돌이키며 "영적 세계에서 온 순례자, 라디오 규칙주의자, 백화점에서 파는 구두를 신은 산업계 예비 거물들, 소외된 2~3류 기술자와 엔지니어와 같은 특이한 인물들이 섞여 있었다"고 말했다. 배경도 성향도 다른 사람들이 모일 수 있었던 이유는 단 하나다. 그들 모두는 개인용 컴퓨터가 존재하기를 원했다. 정부, 조직, IBM과 같은 제도적 억압에서 벗어나고 싶어 했다.

홈브루 컴퓨터 클럽은 곧 실리콘밸리와 개인용 컴퓨터 혁명의 중심이 된다. 홈브루 컴퓨터 클럽의 대표적 인물이 훗날 애플을 공동 창업한 스티브 잡스와 스티브 워즈니악이다. 둘은 주기적으로 홈브루 컴퓨터 클럽에 참가해 개인용 컴퓨터 기술을 시연했다.

2023년 5월, 홈브루 컴퓨터 클럽과 같이 기술로 새로운 세계를 상상하던 이들에게 예술로 자극을 준 조앤 바에즈를 만난다는 필자의 설렘은 이내 실망으로 바뀌었다. 버클리의 '화물과 구조(Freight and Salvage)' 공연장을 찾았지만 표는 매진이었다.

안타까운 마음을 뒤로한 채 매표소를 나와 버클리 시내를 정처 없이 걸었다. 집에 와서 아쉬움을 달래려 반문화 인물의 흔적이 담긴 영상을 찾았다. 2013년 베이 지역 '메이커 페어(Maker Faire)'의 기조 연설자로 나선 펠젠스타인을 발견했다. 1960년대의 혁명가이자 컴퓨터광인 그는 반세기가 지나고도 자신의 기원을 또렷한 목소리로 밝히고 있었다.

“개인용 컴퓨터의 뿌리는 1964년 버클리에서 일어난 언론 자유 운동과 DIY의 이상이 담긴 〈홀 어스 카탈로그〉에 있습니다”라고 말이다.

참고문헌

김욱진(2023.5.16). “실리콘밸리의 사회·문화 배경을 이해해야 하는 이유”. 내일신문. https://www.naeil.com/news/read/460844

김욱진(2025.8.7). “사회변혁가들, 퍼스널컴퓨터 태동에 영향”. 내일신문. https://www.naeil.com/news/read/557197

Cringely, R. X. et al.(1996). 〈Triumph of the Nerds〉. PBS.

Felsenstein, L.(2008.5.7). 〈Oral History of Lee Felsenstein(Interview transcript)〉. Computer History Museum. https://www.computerhistory.org/collections/catalog/102702231/search/keyword:X4653.2008/

Felsenstein, L.(2013.6.13). 〈Interview with Lee Felsenstein at MakerFaire 2013(Interview video)〉. Hak5. https://www.youtube.com/watch?v=qE2LEBvFAtM

Isaacson, W.(2014). *The Innovators*. Simon & Schuster. 정영목·신지영 옮김(2022). 《이노베이터》. 21세기북스.

Levy, S.(1984). *Hackers: Heroes of the Computer Revolution*. Doubleday. 박재호·이해영 옮김(2019). 《해커, 광기의 랩소디》. 한빛미디어.

Markoff, J.(2005). *What the Dormouse Said: How the Sixties Counterculture Shaped the Personal Computer Industry*. Penguin Books.

Mommeja, J.(2021). “I am an engineer and therefore a radical”: an interview with Lee Felsenstein, from Free Speech Movement technician to Homebrew Computer Club moderator. *Internet Histories, 5*(2), pp.190~203.

Palo Alto Times(1958.2.7). 'Conscientious objector stays at school during test.
https://www.paloaltohistory.org/joan-baez-in-palo-alto.php

Turner, F.(2006). *From Counterculture to Cyberculture: Stewart Brand, the Whole Earth Network, and the Rise of Digital Utopianism.* University of Chicago Press.

04
실리콘밸리 기업의 불교적 화두

1970년대 베이 지역에는 다양한 반문화적 흐름이 존재했다. 여기에 개인적 깨달음을 통한 해방을 추구하는 움직임도 나타났다. 선불교의 확산이 대표적이다. 선불교가 미국 서부로 전파된 역사를 추적하는 일은 실리콘밸리 탄생 기저에 깔린 정신을 이해할 수 있는 관문이 된다. 대표적인 선불교 수행자는 스티브 잡스다. 그는 수행 과정에서 깨달은 진리를 지속적으로 애플 제품과 기업 문화에 적용했다.

청각장애인과 AI?

진지하게 출가를 고민한 스티브 잡스

잔달리가 승려가 되었다면 세상은 어떻게 바뀌었을까. 1974년, 19세 미국 젊은이가 7개월 동안 인도를 순례한다. 영적 여행을 마친 그는 영국 런던을 경유해 미국 오클랜드 공항으로 귀국한다. 그는 머리를 빡빡 밀었다. 피부는 검게 그을렸다. 인도식 로브(robe)를 걸친 그를 부모님은 알아보지 못한다.

대학은 일찌감치 자퇴했기에 오리건 포틀랜드로 돌아갈 수 없다. 하릴없이 캘리포니아 로스앨터스 부모님 집에 얹혀산다. 그는 아침에는 명상에 몰입했고 저녁에는 선(禪)을 공부했다. 낮에는 틈틈이 스탠퍼드 대학을 찾아 물리학과 공학 수업을 청강했다. 2년이 흐르고 그는 회사를 창업한다. 동업자 스티브 워즈니악, 론 웨인과 1976년 4월 컴퓨터 회사를 설립했다. 지분 비율은 45:45:10이었다.

그는 애플 공동창업자 스티브 잡스다. 입양되기 전 잡스의 이름은 압둘 라티프 잔달리였다. 잔달리가, 아니 잡스가 승려가 되었다면 애플은 존재하지 않을까.

잡스는 애플을 창업하기 직전까지 진지하게 출가를 고민했다. 인도 순례를 마친 그는 매주 수요일마다 샌프란시스코 선 센터(San Francisco Zen Center)의 가르침을 받으며 수행을 계속했다. 스무 살 젊은이 잡스는 남은 인생 전체를 선불교 수행자로 사는 방식에 대해 고심에 고심을 거듭했다.

출가 의사를 밝히자 스승 '오토가와 고분 치노'는 만류했다. 비즈니스 영역에서 일하면서도 충분히 영적 자아를 유지할 수 있다는 게 고분 치노의 조언이었다. 잡스는 죽음 직전 그때를 회상하며 다음과 같이 말했다.

> "일본 후쿠이현에 있는 영평사(永平寺)로 들어갈까 생각했습니다. 고분 치노는 그러지 말라고 설득했습니다. 여기서 구할 수 없다면 거기서도 구할 수 없을 거라고요. 진리는 곁에 있으니 스승을 찾으려 세계를 돌아다니지 말라는 뜻이었습니다. 그의 말에서 깨우침을 얻었습니다. 애플을 창업하고도 선불교는 제 일과 삶 전체에 깊은 영향을 미쳤습니다."

1970년대 베이 지역에는 다양한 반문화적 흐름이 존재했다. 대표적으로 비트 세대에서 이어진 히피 운동과 UC버클리의 언론 자유 운동에 기반한 저항적 정치 운동이 있었다. 여기에 개인적 깨달음을 통한 해방을 추구하는 움직임도 나타났다. 선불교의 확산이 대표적이다. 선불교가 미국 서부로 전파된 역사를 추적하는 일은 여전히 중요하다. 실리콘밸리 탄생 기저에 깔린 정신을 이해할 수 있는 관문이 되기 때문이다.

두 명의 스즈키가 미국에 전파한 '선불교'

선불교가 미국에 전파되는 데서 일본인 두 명이 결정적 역할을 했다. 둘의 성씨는 모두 스즈키다. 우선 스즈키 다이세츠는 선불교를 학문적으로 미국에 소개했다. 그의 저작 《선과 일본문화(Zen and Japanese Culture)》는 1959년 프린스턴대학 출판부를 통해 처음 미국에서 발간된다. 이 책에서 그는 선을 간략하게 정의하며 논의를 시작한다. "선은 인도 사상과 접촉한 후 탄생한 중국식 정신의 산물"로 말이다.

스즈키 다이세츠는 인류 문명이 위기에 처한 원인을 서구식 합리주의가 갖는 한계에서 찾았다. 이를 극복하기 위해 동아시아의 직관적 사고방식인 '선'을 사상적으로 미국에 안내하는 작업에 몰두했다.

이에 반해 일본인 승려 스즈키 순류는 미국 서부 젊은이들이 '선'을 직접 수행할 수 있도록 인도자 역할을 자처했다. 1959년 55세의 나이로 미국 땅을 밟은 그는 일본 귀국을 몇 번 연기한 끝에 미국에 머물기로 결심한다. 1962년 미국 최초의 선 수행 센터인 '샌프란시스코 선 센터(SFZC)'를 세우고 본격적으로 선 수행법을 지도한다.

그는 현지에 남기로 결정한 동기를 미국인들이 지닌 초심(初心)으로 설명했다. 순류는 "미국인들이 선에 대한 선입견이 없고, 선에 대단히 개방적이며, 선이 자신들의 삶에 도움이 된다고 확실히 믿고 있으며, 일상생활에서 어떻게 선(禪)적인 삶을 살 수 있는가를 묻고 있다는 것을 알았다"고 말했다.

스즈키 순류의 직간접적 영향을 받은 대표적 인물이 바로 스티브 잡스다. 1971년 당시 홈스테드 고등학교에 다니던 잡스는 샌프란시스코 선 센터를 운영하던 스즈키 순류를 찾아간다. 깊은 깨달음을 원한 고등학생 잡스는 대학에 진학해서도 스즈키 순류의 법문집 '선심초심'에 큰 감명을 받았다. 대학 시절 선 수행을 함께한 동급생 대니얼 코키에게도 강력히 권할 정도였다.

코키는 잡스와 인도 순례를 떠난 친구이자 애플의 12호 정규 직원이다. 코키는 잡스가 죽고 그를 이렇게 평가했다. "잡스는 선에 심취한 사람입니다. 그의 모든 접근 방식은 순전한 미니멀리즘 미학과 강렬한 집중이 특징이라 할 수 있는데, 그게 다 선에서 얻은 겁니다"라고 말이다.

애플을 창업하고도 스티브 잡스의 선 수행은 지속됐

다. 1984년 갓 출시된 매킨토시를 안고 포즈를 취한 그는 양쪽 무릎이 완전히 바닥에 닿는 결가부좌 자세를 하고 있다. 이 장면을 포착한 사진작가 노먼 시프는 CNN과 인터뷰하며 당시를 회상했다. "사전에 계획한 게 아니었어요. 구루(guru)처럼 명상하는 걸 보여 주겠다는 의도도 없었어요. 그에게는 바닥에 앉는 게 자연스러웠고 그저 무릎 위에 컴퓨터를 올려놓았죠. 단번의 촬영이었어요". 잡스가 평소에 얼마나 지독할 정도로 좌선(坐禪)을 했는지 짐작할 수 있는 대목이다.

평생에 걸친 잡스의 영적 스승은 스즈키 순류의 제자 '고분 치노'였다. 그는 일본 출신 선불교 승려로 교토 대학에서 수학하고 샌프란시스코로 건너왔다. 1991년 잡스의 결혼식 주례를 맡을 정도로 수십 년간 그에게 막대한 영향을 미쳤다.

애플 제품에 반영된 선불교 정신

물론 선불교 정신은 잡스의 개인적 성격에만 머무르지 않았다. 잡스 전기를 작업한 월터 아이작슨은 "애플 제품에는 잡스의 성격이 반영되었다"고 단언한다. 20세기의 매킨토시부터 21세기의 아이팟, 아이폰, 아이패드에 이르기까지 애플의 핵심 철학은 하드웨어와 소프트웨어의 완전한 통합(integration)이다.

잡스는 2002년 타임과 인터뷰하며 '통합에서 비롯되는 완전함'을 추구하는 애플의 가치관을 설파한다. "애플은 하드웨어, 소프트웨어, 운영 체제 등 모든 걸 갖추고 있습니다. 따라서 우리는 사용자 경험을 처음부터 끝까지 책임질 수 있습니다". 이와 같은 선불교식 통합적 접근법은 때때로 애플의 단기 비즈니스 이익에 도움이 되지 않았다.

하지만 어설프게 디자인한 하드웨어, 사용하기 불편한 소프트웨어, 이해할 수 없는 에러 메시지, 조잡한 인터페이스로 가득한 테크놀로지 세계에서 애플 기기를 단연 돋보이게 만드는 전략이었다. 아이작슨의 표현에 따르면 "어떤 이에게 애플 제품을 사용하는 것은 교토 선불교 사원의 정원을 걷는 것만큼 숭고한 일"이었다.

한편 애플 설립을 기점으로 잡스의 정체성을 구분하려는 접근법이 있다. 애플을 세우기 전 잡스는 선불교 수행자였지만 애플을 창업한 후부터는 기업가로 변모했다는 인식이다. 이는 잡스 인생 전체를 살폈을 때 전혀 들어맞지 않는 도식적 해석이다.

스티브 잡스가 전형적 기업가와 다른 큰 차이점은 애플이 고속 성장할 때도 수행자의 삶을 고수했다는 사실이다. 잡스는 수행 과정에서 깨달은 진리를 지속적으로 애플 제품과 기업 문화에 적용했다.

교토 선사의 정원에서 미적으로 감화를 받은 잡스는 매킨토시 내부의 회로 기판마저 아름답게 만들기 위해 노력했다. 선불교의 단도직입 정신에 입각해 아이폰의 버튼도 하나만 남기고 모두 제거했다. 애플스토어를 설계할 때도 매장 내부에 주의를 뺏는 요소를 모두 빼고 극단적인 단순함을 추구했다. 수행이 부족한 사람이라면 내리기 어려운 결정이다.

잡스가 사망한 지 만 14년이 되어간다. 띠가 한 바퀴 돌 정도로 시간이 흘렀지만 잡스만큼 '구루(guru)'라는 호칭이 어울리는 창업가는 선뜻 떠오르지 않는다. 필자가 사회생활을 시작할 무렵, 잡스에 대한 세간의 관심과 추모는 전 지구적 현상이었다. 우리나라도 예외가 아니었다. 그가 사망하고 한 달도 안 되어 한국어로 발간된 전기는 두 달 만에 50만 부가 나갔다.

그의 일생을 다룬 전기가 이렇게나 많이 나갔는데도 스티브 잡스를 열렬한 수행자로 읽는 독법은 한국에서 드물었다. 실리콘밸리라는 새로운 시공간에서 그를 구도자로 보는 시각을 마주할 수 있었다.

평생 우주와의 영적 연결을 추구한 구도자

2021년 10월 5일, 미국 출판사 '사이먼앤슈스터'는 잡스 사후 10주기를 맞아 전기 특별판을 발간한다. 이 판본에는 2년 넘게 잡스를 인터뷰하며 작업한 월터 아이작슨의 후기가 실려 있다. 아이작슨은 책이 나온 후 접했던 독자들의 반응을 소개하며 잡스를 "평생 우주와의 영적 연결을 추구한 구도자"로 정의한다.

특히 "오랜 세월 공들인 선불교 공부와 인간 감정에 대한 세밀한 감지를 통해 자신과 사람들의 영혼에 도달할 수 있었다"며 "잡스의 산물은 단순히 예술과 기술의 훌륭한 조합에서 그치지 않고 심오한 영적 요소까지 보유했다"고 평가한다.

실리콘밸리에서 일하면서 붙들었던 화두는 '동양 정신'이었다. 필자는 아시아에서 태어났을 뿐 서양식 교육을 받고 서구화된 가치관을 갖고 살고 있었다. 입시와 취업에 시달리던 한국 청년에게 절은 속세와 유리된 곳이었고 세속을 뛰어넘는 공간이었다.

반면 미국에서 태어난 어떤 젊은이는 일평생 선불교에 천착해서 살았다. 종교적 진리를 갈구하는 수준에 머무르지 않고 영적 깨달음을 세속에 접목했다. 기업을 세웠고 눈에 보이지 않는 가치를 제품, 서비스, 디자인에

구현했다. 그는 특히 "한 알의 모래에서 세계를 본다"는 윌리엄 블레이크의 시를 사랑했다. "티끌마다 우주가 가득하다"는 의상 대사의 법성게가 떠오르는 구절이다.

서양의 젊은이가 인도로 고행을 떠났듯이 동양의 직업인에게도 순례가 필요했다. 2022년 1월의 일이다. 샌프란시스코 베이 지역을 일주일 동안 걷기 시작했다. 실리콘밸리 순례를 마칠 무렵, 마운틴뷰 카스트로 거리에서 책방을 하나 맞닥뜨렸다. 이름은 '동서서점(East West Bookshop)'이었다. 동서서점은 주로 영적인 책을 다루는 곳으로 1970년대 반문화의 확산 과정에서 젊은이들의 정신적 휴식처 역할을 했다.

서점 창문에 붙은 전단지는 파라마한사 요가난다의 《어느 요기의 자서전》을 홍보하고 있었다. 잡스 장례식 추모객에게 한 권씩 선물로 증정된 책이다. 선물에 남긴 잡스의 마지막 메시지는 "자신을 실현하라(Actualize Yourself)"였다. 실리콘밸리에서도 한국에 와서도 걸으면서 사람들을 유심히 본다. 손바닥 안의 우주에서 잠시라도 눈을 떼지 못하는 우리는 여전히 그의 유산 아래 일상을 영위하고 있다.

참고문헌

김욱진(2024.5.22). "구도하는 창업가, 수행하는 기업가". 내일신문. https://www.naeil.com/news/read/511005

김욱진(2025.3.21). "제니의 젠(ZEN)과 잡스의 선(禪)". 내일신문. https://www.naeil.com/news/read/541913

신유리(2012.1.3). "'스티브 잡스' 두 달 만에 50만부 판매 돌파". 연합뉴스. https://www.yna.co.kr/view/AKR20120103094400005

Elmer-Dewitt, P.(2012.2.20). The story behind Norman Seeff's iconic Steve Jobs photo. Fortune. https://fortune.com/2012/02/20/the-story-behind-norman-seeffs-iconic-steve-jobs-photo/

Isaacson, W.(2011). *Steve Jobs.* Simon & Schuster. 안진환 옮김(2011). 《스티브 잡스》. 민음사.

Isaacson, W.(2021). *Steve Jobs: With a New Afterword.* Simon & Schuster.

Melby, C. et al.(2012). *The Zen of Steve Jobs.* Wiley.

Newport, C.(2012). *So Good They Can't Ignore You: Why Skills Trump Passion in the Quest for Work You Love.* Grand Central Publishing. 김준수 옮김(2019). 《열정의 배신》. 부키.

Quittner, J.(2002.1.14). Apple's New Core. Time. https://time.com/archive/6665575/apples-new-core/

Shontell, A.(2013.9.12). The Last Gift Steve Jobs Gave To Family And Friends Was A Book About Self Realization. Business Insider. https://www.businessinsider.com/steve-jobs-gave-yoganandas-book-as-a-gift-at-his-memorial-2013-9

Suzuki, D. T.(1959). *Zen and Japanese Culture.* Princeton

University Press.
Suzuki, S.(1970). *Zen Mind Beginner's Mind.* Weatherhill. 정창영 옮김(2013). 《선심초심》. 김영사.
Sylvester, D. A.(1995.10.20). New Home for East-West Bookstore / Ananda Community helps turn Mtn. View area into 'book mecca'. SFGate. https://www.sfgate.com/bayarea/article/new-home-for-east-west-bookstore-ananda-3021441.php
Turner, F.(2006). *From Counterculture to Cyberculture: Stewart Brand, the Whole Earth Network, and the Rise of Digital Utopianism.* University of Chicago Press.
Yogananda, P.(1946). *Autobiography of a Yogi.* Philosophical Library. Self-Realization Fellowship 옮김(2019). 《어느 요기의 자서전》. 에이케이커뮤니케이션즈.

05

1984년, 백남준과 스티브 잡스의 대결

애플의 '1984' 광고는 개인용 컴퓨터의 시대정신을 포착한 것이었다. "1984년은 조지 오웰의 《1984》처럼 디스토피아가 되지 않을 것"이라는 주제 의식이 광고에 담겼다. 애플은 광고에서 자신들을 기술로 개인의 자유를 드높이는 새 시대의 반문화적 선봉장으로 정의했다. 이보다 3주 앞서 한국에서 태어나 유년 시절을 보낸 예술가가 같은 주제로 담론을 제시한다. 백남준이 기획한 세계 최초의 인공위성 생중계 쇼의 제목은 '굿모닝, 미스터 오웰'이었다.

AI 콘텐츠 크리에이터?

조지 오웰의 '1984'와 애플의 '1984'

적응이 필요한 것은 시차만이 아니었다. 2024년 1월, 3년 간의 미국 실리콘밸리 근무를 마치고 한국으로 돌아왔다. 샌프란시스코에서 국적기를 타고 13시간을 날아 도착한 인천의 새벽 공기는 매우 차가웠다. 시간의 차이, 공간의 변화, 급격한 공기의 전환을 능숙하게 다루기에 필자는 미숙했다.

실리콘밸리의 시공간에서 하루빨리 빠져나오기 위해서는 의식적으로라도 의식(ritual)이 필요했다. 처음 기울인 노력은 '제58회 슈퍼볼 시청'이었다.

한국 시각으로 2024년 2월 11일 아침 8시 40분, 미국 미식축구리그(NFL) 결승전이 시작됐다. 미식축구 규칙도 모르는 필자가 컴퓨터 앞에 앉은 까닭은 단 하나다. 하프타임에 공개되는 광고를 보기 위해서다. 슈퍼볼 광고 역사에서 가장 큰 족적을 남긴 사례는 1984년 애플이다.

1983년 봄, 매킨토시 출시를 준비하던 스티브 잡스는 제품만큼 혁신적이고 충격적인 광고를 원했다. 애플의 광고를 전담하던 샤이엇데이의 리 클라우(Lee Clow)는 조지 오웰의 소설에서 착안한 "1984년은 왜 오웰의 《1984》처럼 되지 않을 것인가(Why 1984 won't be like 1984)"라는 태그라인을 바탕으로 작품을 구상했다.

SF 영화의 한 장면 같은 60초짜리 광고 스토리보드가 나왔다. 전체주의적 사상경찰을 피해 달아나는 반항적 여성이 있다. 그녀는 빅 브라더(Big Brother)가 세뇌 연설을 하는 화면에 대형 망치를 던져 스크린을 산산조각 낸다.

이 콘셉트는 개인용 컴퓨터 혁명의 시대정신을 포착한 것이었다. 반문화 세대는 오웰의 소설처럼 컴퓨터가 정부나 대기업이 개인성을 말살하는 수단으로 악용될 것을 우려했다. 하지만 1970년대가 되면서 컴퓨터가 개인 역량을 강화하는 도구로 진화할 수 있다는 인식도 싹이 튼다.

애플의 광고는 매킨토시를 후자의 상징으로 내세웠다. 미친 듯이 뛰어나고, 반항적이며, 영웅적인 존재. 세계 지배와 정신 통제를 노리는 거대 악덕 기업의 계획을 막을 유일한 구세주로 말이다.

슈퍼볼을 영원히 바꾼 애플의 광고

잡스는 이 광고 콘셉트를 좋아했다. 스스로를 반항아로 여긴 그에게 특별한 감정적 울림이 있었기 때문이다. 그는 매킨토시 팀에 합류하면서 해커와 해적 정신에 자신과 팀이 동화되길 원했다. 오리건 주의 사과 농장 공동체를 떠나 컴퓨터 회사 애플을 창업했지만 잡스는 여전히 자신이 대기업의 일부가 아닌 반문화의 일원이기를 원했다. 하지만 회사가 커지면서 그는 자신이 반문화 공동체의 정신을 잃어가고 있다는 것을 느끼고 있었다. 따라서 매킨토시의 '1984' 광고는 잡스 자신이 세상에 바라는 반문화 자아상을 다시 한번 표출하는 수단이 되어야만 했다.

광고에서 순백의 민소매 셔츠에 매킨토시 그림이 새겨진 여주인공은 기성 체제를 무너뜨리려는 반항적 인물로 그려진다. 잡스는 영화 〈블레이드 러너〉로 성공한 리들리 스콧(Ridley Scott)을 감독으로 고용하며 당대에 유행하던 암울한 디스토피아 담론의 대항마로 자신과 애플을 내세웠다. 이 광고를 통해 애플은 기성 질서에 저항하고, 주류와 다르게 사고하는 반문화적 가치에 경의를 표한다.

1984년 슈퍼볼 XVIII의 3쿼터 초반, 레이더스(Raiders)가 레드스킨스(Redskins)를 상대로 터치다운에 성공한다. 하이라이트가 나오는 대신 미국 전역의 TV 화면이 2초간 깜깜하게 꺼진다. 기묘한 흑백 화면 속 음산한 음악에 맞춰 무표정한 인간 군중들이 행진하는 장면이 나타난다.

9600만 명 이상의 시청자들이 이전까지 본 적이 없는 형식의 광고에 충격을 받았다. 광고 말미, 복제 인간들이 빅 브라더가 산산조각 나는 장면을 공포에 질려 바라보는 가운데 내레이터가 차분하게 말한다.

> "1984년 1월 24일, 애플 컴퓨터는 매킨토시를 출시합니다. 그리고 여러분은 왜 '1984년'이 조지 오웰의 《1984》와 같지 않은지 알게 될 것입니다."

이 광고에서 애플은 자신들을 기술로 개인의 자유를 드높이는 새로운 시대의 선봉장으로 정의했다. 광고는 미국 전역에서 즉각 반향을 불러일으킨다. 슈퍼볼이 끝난 저녁, 미국 3대 방송사와 50개 이상의 지역 방송국이 이 광고에 대해 보도할 정도였다. 뉴스에서 반복적으로 광고를 다루면서 '혁명적 반항아'로서 애플의 반문화적 가치는 더욱 강해졌다. 유튜브가 존재하지 않았던 시대의 바이럴이나 마찬가지였다.

광고는 결국 《TV 가이드》와 《애드버타이징 에이지》에서 '역대 최고의 광고'로 선정되었으며 지금까지도 '현 시대 최고의 작품(GOAT)'으로 종종 꼽힌다. 2024년 2월 9일, 뉴욕타임스의 기사 제목이 "40년 전 애플의 광고가 슈퍼볼을 영원히 바꿨다"였을 정도다.

백남준의 1984는 '굿모닝, 미스터 오웰'

실리콘밸리에서 애플과 잡스의 흔적을 톺으며 희열을 느꼈지만 때때로 꺼림칙한 마음을 버릴 수 없었다. '스스로 문화 사대주의자가 아닌가' 하는 성찰과 '반문화적 가치와 테크놀로지의 교차점에 서려는 노력이 과연 우리에는 없었는가' 하는 반추가 반복됐다. 힌트를 얻은 순간은 공교롭게도 1984년 애플의 슈퍼볼 하프타임 광고를 조사하면서다. 잡스보다 몇 주 앞서서 조지 오웰의 물음에 응답한 인물을 발견했다.

그는 한국에서 태어나 일본, 독일, 미국 등 세계를 무대로 활동한 예술가 백남준이다. 백남준은 1984년 1월 1일 뉴욕, 파리, 베를린, 서울을 연결하는 세계 최초의 인공위성 생중계 쇼를 기획했다. 글로벌 미디어 잔치의 제목은 '굿모닝, 미스터 오웰'이다.

오웰이 소설 '1984'에서 묘사한 디스토피아 사회가 반은 맞고 반은 틀리다는 게 백남준의 주장이었다. 테크놀로지가 인간을 옭아매는 수단이 될 수도 있지만 인간은 기술을 활용해 모두를 고양할 수 있다는 내용이 작품의 주제였다.

백남준이 전달하려던 바는 잡스가 1984년 1월 22일 슈퍼볼 광고에서 제시한 메시지와 적확히 일치한다. 게다가 잡스가 크게 관여한 애플의 매킨토시 광고가 공개된 시점보다 3주 빠르다. 한국에서 태어나 유년 시절을 보낸 예술가가 같은 주제로 한발 앞서 담론을 제시한 것이다.

이를 알게 된 필자는 적잖은 충격을 받았다. 실리콘밸리에서 구하려던 기술과 가치, 기술과 정신, 기술과 문화의 경계에 선다는 것의 의미를 제시한 인물이 멀리 있지 않았다. 백남준은 세계인이지만 한국인의 정체성을 누구보다 잘 살린 사람이었다. 스티브 잡스가 기술 기기를 통해 반문화적 가치를 구현하려 했다면 백남준은 반문화적 정신이 담긴 예술품에 테크놀로지를 불어넣었다.

이러한 결론에 도달하고 나서 실리콘밸리에서 백남준의 흔적을 찾으려 노력했다. 다행히 UC버클리의 예술·영화 박물관(BAMPFA)이 백남준의 초기작을 보관하고 있다는 정보를 접했다. 웹사이트에 나온 대표 번호로 전화를 걸었더니 영상 필름 보관소의 담당자를 접촉해 따로 예약을 잡아야 한다고 했다. 귀국일이 다가왔고 결국 백남준의 작품을 보지 못한 채 비행기를 탔다.

아쉬움을 덜기 위해 한국에 오고 용인부터 찾았다. 시

차 적응을 마친 2024년 어느 주말, 달려간 곳은 '백남준 아트센터'다. 〈굿모닝, 미스터 오웰〉 40주년을 맞아 현장 실황이 임의접속실(Random Access Hall)에서 상영되고 있었다.

1984년, 백남준은 위성 방송을 통해 오웰이 상상한 미래 사회에 대한 자신의 응답을 제시했다. 〈굿모닝 미스터 오웰〉은 뉴욕과 파리를 실시간으로 연결한 위성 생방송으로, 백남준은 오웰이 우려한 감시 수단으로 악용될 '기술'을 즐거운 소통이 되는 '테크놀로지'로 전환했다.

1980년대 인공위성은 냉전 시대의 산물로 국가 자금이 투입된 고도의 기술 결정체였다. 당시에는 소수 방송국과 NASA만이 접근할 수 있는 기술이었다. 그럼에도 백남준은 인공위성을 문화와 대륙을 잇는 커뮤니케이션 기술로 재창조하고 많은 예술가 동료들과 협력하며 기술에 기반한 새로운 소통을 실현했다.

백남준이 기획한 기술의 미래는 '희망'

인공위성을 통해 세계적으로 2500만 명의 시청자를 확보한 이 방송은 각지의 예술가들이 춤 · 노래 · 시 · 코미디 등 각자의 방식으로 참여했다. 백남준은 문화적 융합을 기획하며 디스토피아가 아닌 희망적 미래의 가능성을 세계에 전파하려 노력했다.

오웰의 소설 속 '텔레스크린' 같은 기술망은 개인을 억압하는 전체주의적 감시 체계를 상징하지만 백남준에게 기술망은 전 세계인과 소통하고 문화를 공유할 수 있는 플랫폼으로 기능했다.

〈굿모닝 미스터 오웰〉을 기획하기 3년도 넘은 1980년 3월 25일, 백남준은 미국 뉴욕 현대미술관에서 '임의 접속 정보'라는 제목으로 강연을 한다. 여기서 백남준은 말한다.

> "예술가의 역할은 미래를 사유하는 것이다. 하지만 이 시대에 미래를 예측한다는 것은 매우 어려운 일이다. 허먼 칸(Herman Kahn)과 같은 유명한 미래학자도 두 가지 주요한 영역에서 실패했다. 그는 1967년, 2000년에 대한 미래 보고서를 출간했다. 이 책을 만드는 데 수많은 자금이 투입되었다. 책이 출간되었을 때 칸은 '생태(ecology)'나 '환경오염(environmental pollution)'에 대해 한마디도 언급하지 않았다. 하지만 그해 거리의 히피들에게는 생태 문제가 인간의 생존이 달린 중요한 이슈로 떠올랐다. 가장 유명한 미래학자조차 히피만큼의 통찰력이 없었던 셈이다."

백남준 아트센터의 임의접속실 계단에 앉아 1984 영상을 보며 다시 한번 충격을 받았다. 당대 최고의 예술가들 사이에서 비트 세대를 대표하는 시인 앨런 긴즈버그(Allen Ginsberg)가 등장해 '명상하라'고 노래하고 있었다.

반문화의 아이콘 긴즈버그는 1956년 자신의 시 '울부짖음(Howl)'을 내 줄 출판사를 찾지 못하자 샌프란시스코에서 독립 출판을 실험한다. 베이 지역은 오랜 시간 긴즈버그의 주된 활동 무대였다. 미국의 반문화를 대표하는 시인 긴즈버그와 한국 출신의 백남준이 필자가 태어나기도 전에 이미 교류하고 있었다.

백남준은 "한편에 예술이라 불리는 것이 있고 다른 한편에 커뮤니케이션이라 불리는 것이 있다"며 그 사이에 있는 사과 씨앗 같은 것이 자신의 테마"라고 말했다. 예술에 '반문화적 가치'를 대입하고 커뮤니케이션에 '소통을 구현하는 테크놀로지'를 넣으면 백남준과 잡스의 생각이 같은 지점을 가리킨다는 것을 알 수 있다.

어쩌면 실리콘밸리까지 가서 구하려 했던 '반문화적 가치와 기술의 교차점'에 대한 힌트는 한국에서도 충분히 찾을 수 있었는지도 모르겠다. 본래 등잔 밑이 어두운 법이라지만 시간이 지나고 나니 부끄러워진다.

참고문헌

김욱진(2024.3.15). "슈퍼볼, 보이지 않는 가치의 경제". 내일신문. https://www.naeil.com/news/read/504389

남정호(2020). 《백남준: 동서양을 호령한 예술의 칭기즈칸》. 아르테.

백남준아트센터(2023~2024). 사과 씨앗 같은 것. https://njp.ggcf.kr/exhibitions/150

KBS(2007.9.19). 〈방송 80년 특별기획 이어령, 백남준을 말하다〉. https://www.youtube.com/watch?v=AQ2lvBiXDtY

Austerlitz, S.(2024.2.9). 40 Years Ago, This Ad Changed the Super Bowl Forever. New York Times. https://www.nytimes.com/2024/02/09/arts/television/super-bowl-apple-1984-ad.html

CBS News(1999.6.28). 50 Best Ads, Ahy Chihuahua!. https://www.cbsnews.com/news/50-best-ads-ahy-chihuahua/

Elliott, S.(1995.3.14). THE MEDIA BUSINESS: Advertising; A new ranking of the '50 best' television commercials ever made. New York Times. https://www.nytimes.com/2024/02/09/arts/television/super-bowl-apple-1984-ad.html

Frieling, R.(2021.2.18). Between Closed and Open Circuits: Nam June Paik Remaking Television. BAMPFA. https://bampfa.org/event/between-closed-and-open-circuits-nam-june-paik-remaking-television

Ginsberg, A.(1956). *Howl and Other Poems*. City Lights Books. 김목인·김미라 옮김(2017). 《울부짖음 그리고 또 다른 시들》. 1984.

Hansen, L.(2004.2.1). 〈A Look Back at Apple's Super Ad(Radio interview)〉. npr. https://www.npr.org/2004/02/01/1627800/a-look-back-at-apples-super-ad

Isaacson, W.(2011). *Steve Jobs*. Simon & Schuster. 안진환 옮김(2011). 《스티브 잡스》. 민음사.

Orwell, G.(1949). *Nineteen Eighty-Four*. Secker & Warburg. 정회성 옮김(2007). 《1984》. 민음사.

Paik, N. J.(1980.9). Random Access Information. Artforum. https://www.artforum.com/features/random-access-information-213569/

Paik, N. J.(1984). 〈Good Morning Mr Orwell(Broadcast)〉. Nam June Paik Art Center Video Archive. https://njp.ma/video/good-morning-mr-orwell/

PBS(1984). 〈Allen Ginsberg sings Do The Meditation Rock 1984〉. https://www.youtube.com/watch?v=esU-3IC2J9E

Scott, R.(1984). 〈1984(Advertisement)〉. Fairbanks Films. https://www.youtube.com/watch?v=2zfqw8nhUwA

06
기술과 예술의 경계에 선 테크놀로지

기술 기업이지만 영화를 만드는 픽사는 실리콘밸리 중심부와는 거리를 두려고 했다. 애니메이션을 만들지만 테크놀로지에 기반한 픽사는 시끌벅적한 할리우드와도 떨어져 있으려 했다. 세계 최초 100% 컴퓨터그래픽 장편 애니메이션을 선보인 픽사는 반문화 중심지 버클리 근교에서 작업을 지속했다. 기술과 예술의 만남이라는 새로운 영역을 창조하는 이들에게 기존의 문법과 주류의 시각은 거리를 유지해야 할 대상이었다.

AI와 민주주의?

전문가용 컴퓨터를 만들던 '픽사'

실리콘밸리에서 거주할 때 가장 마음을 쏟은 기업 중 하나는 컴퓨터그래픽 애니메이션을 만드는 회사, 픽사였다. 지금의 픽사를 만든 주역으로 보통 셋을 꼽는다. 디즈니와 합병하기 전 소유주 스티브 잡스, 최고경영자(CEO) 에드 캣멀, 최고창의성책임자(CCO) 애니메이터 존 래시터를 들 수 있다.

여기서는 픽사가 적자에 허덕이던 시절 최고재무책임자(CFO)로 영입되어 픽사의 기업공개(IPO)를 담당한 인물에 주목한다. 그는 변호사인 로렌스 레비다.

레비는 1994년 11월 스티브 잡스에게 전화 한 통을 받고 고심 끝에 픽사에 합류한다. 2006년 픽사가 디즈니와 합쳐져 '디즈니-픽사'가 될 때까지 회사에 재직한 그는 자신의 픽사 여정을 반문화적인 '중도(中道, The Middle Way)' 관점에서 바라보고 있다.

레비가 픽사에 투입된 시절, 픽사는 적자에 적자를 거듭하고 있었다. 잡스가 쏟아부은 사재만 하더라도 5000만 달러가 넘었다. 당시 픽사에서 반복되던 일은 월말만 되면 에드 캣멀 사장이 스티브 잡스 회장에게 가서 직원들 월급을 수표로 받아오는 일이었다. 픽사에 들어오고 이를 확인한 레비는 아연실색한다. 재무제표에 기재된

주주 가치는 마이너스 5000만 달러가 넘었다. 아무런 수익을 내지 못하던 회사에서 그가 받은 느낌은 '굶주린 예술가 집단'이었다.

당시 픽사는 뛰어난 인물들이 한데 모인 창의성 주식회사였지만 구성원들의 현실은 냉혹했다. 픽사의 주력 사업이던 이미징 컴퓨터는 팔리지 않았고 부업 삼아 제작하던 단편 컴퓨터 그래픽 애니메이션으로 활로를 모색했다. 지금 픽사를 떠올릴 때 아무도 컴퓨터를 생각하지 않듯이 훗날 픽사는 컴퓨터 부문을 정리한다. 장난스레 만들던 그래픽 애니메이션이 '토이스토리'가 되어 회사를 살린다.

픽사의 전신은 조지 루카스 감독이 설립한 영화사 '루카스필름'의 컴퓨터그래픽 기술 담당 부서다. 1979년 7월 루카스필름 내에 신설된 부서 '그래픽스 그룹'은 몇 년 지나지 않아 매각 대상으로 시장에 나온다. 조지 루카스가 이혼 소송에 휘말리면서 비용을 충당하느라 현금이 될 만한 사업을 정리해야 했기 때문이다.

몇 년 동안 주인을 찾지 못하던 '그래픽스 그룹'은 1986년 1월 새로운 협상자를 맞이한다. 애플에서 쫓겨나 야인이 된 잡스였다. 호시탐탐 재기를 노리던 잡스는 1000만 달러에 '그래픽스 그룹'을 매입한다. 지분 70퍼

센트는 자신이 소유하고 나머지는 직원들이 갖는 조건이었다.

잡스가 소유주가 된 회사의 새로운 이름은 '픽사(Pixar)'였다. '픽사'라는 이름은 '그래픽스 그룹'이 개발한 컴퓨터에서 따왔다. 실사 이미지와 특수 효과 이미지를 합성해 디지털 영상을 구현할 수 있는 기기 명칭이 바로 '픽사 이미지 컴퓨터'였다. '그림을 만들다'는 가상의 영어단어 'pixer'를 떠올리고 e를 a로 재치 있게 바꿨다. 잡스가 픽사를 인수한 이유도 이 '이미지 컴퓨터'가 가진 가능성 때문이었다.

하지만 잡스가 픽사를 인수한 후 이미지 컴퓨터는 고작 300대가 팔렸다. 전문가용 컴퓨터였음을 고려해도 초라한 수치다. 회사를 유지하기 위해 잡스가 쏟아부은 사재만 해도 5400만 달러에 달했다. 애플에서 나오면서 현금화한 자산의 절반에 해당하는 금액이다. 당시 픽사의 최고경영자인 에드 캣멀은 "때가 되면 잡스에게 수표를 받으러 가는 일이 가장 고역이었다"고 술회했다.

컴퓨터 애니메이션 회사의 '반문화적' 가치

잡스가 적자에 허덕이던 회사를 그저 끌어안은 것은 아니다. 잡스는 1991년까지 세 번 픽사 매각을 시도했다.

잠재 인수자 중 하나는 마이크로소프트였다. 잡스는 자존심만은 지키겠다는 의도로 지나치게 높은 가격을 제시하고 깎지 않았다. 협상은 무산됐다.

이때 손을 내민 기업이 디즈니다. 디즈니는 이미지 컴퓨터 회사 '픽사'가 아닌, 컴퓨터 그래픽을 활용한 애니메이션 스튜디오 '픽사'의 잠재력을 높이 샀다. 1991년 9월 6일, 디즈니는 장편 컴퓨터 애니메이션 작품 세 편을 픽사와 함께 제작하는 계약을 체결한다.

이 계약을 바탕으로 4년이 지나고 세계 최초의 장편 컴퓨터그래픽 애니메이션이 세상에 나온다. 1995년 11월 개봉한 '토이스토리'다. 토이스토리는 픽사가 만들었지만 계약에 기반해 포스터에는 '월트디즈니 픽처스가 제공하는 토이스토리'라는 문구만 들어갔다.

'토이스토리'는 북미에서만 1억 9200만 달러 수익을 거뒀다. 픽사는 토이스토리의 세계적 성공에 힘입어 기업 공개(IPO)까지 단행한다. 몸집이 커진 픽사는 디즈니와 계약을 갱신하기 위해 재협상에 나섰다. 마침내 1997년 2월 24일, 픽사와 디즈니가 새로운 계약을 체결했다. 다음날 뉴욕타임스의 기사 제목은 "디즈니, 픽사와 10년 동안 5개 영화 제작 계약"이었다.

제목만 보면 두 회사가 10년 동안 5개 애니메이션을

함께 만들기로 파트너십을 맺었다는 평이한 내용처럼 보인다. 기사를 꼼꼼히 살펴보면 "두 회사는 계약에 따라 앞으로 개봉작을 '디즈니-픽사' 작품으로 소개하며 단일 브랜드를 공동으로 사용한다"는 문장이 있다. 픽사가 디즈니와 재협상에 돌입하며 관철하려 한 조건의 핵심이다.

내친김에 계약서 원문을 살펴보자. 미국 증권거래위원회(SEC)에 공개된 디즈니와 픽사의 계약서 부칙에는 브랜드 · 크레디트와 관련된 조항이 있다. 원문 그대로 옮기면 이렇다. "공동 제작 계약은 영화, 상품, 2차 저작물에서 픽사 브랜드와 디즈니 브랜드를 동등하게 취급한다. 픽사 로고와 디즈니 로고는 지각적으로 동등한 방식으로 사용되어야 한다".

'지각적으로 동등한(perceptually equal)'이 가장 중요한 키워드다. 풀어 설명하자면 "각 로고의 스타일이 다르더라도, 한 로고는 대문자로 다른 로고는 소문자로 이루어져 있더라도, 두 로고는 동일한 크기로 보여야 한다"는 뜻이다. 그만큼 재협상 과정에서 픽사가 디즈니와 공동 브랜드 권한을 확보하는 데 사활을 걸고 나섰음을 짐작할 수 있다.

실제로도 재협상 과정은 순탄하지 않았다. 디즈니가

영화 수익의 50%를 주겠다고 픽사에 한발 양보했지만 무엇보다 공동 브랜드 권리를 원했던 픽사는 꿈쩍도 하지 않았다. 협상은 교착 상태에 빠졌고 결렬될 위기도 있었다.

눈에 보이는 큰돈을 앞에 두고도 픽사는 왜 브랜드 권리에 천착했을까. 단기적으로 자금을 확보하는 것도 필요하지만 장기적으로 픽사가 추구하는 반문화적 가치를 유지할 수 있는 기반을 구축하는 게 보다 중요하다고 봤기 때문이다.

기존의 문법, 주류의 시각과 거리를 둔 기업

실리콘밸리 시절, 필자는 캘리포니아 에머리빌에 위치한 픽사 스튜디오 본사를 가보고 신선한 충격을 받았다. 동심의 세계를 화려하게 드러내고 있을 것이라는 예상과 달리 픽사는 외딴곳에 떨어진 학술연구소 같은 분위기를 풍기고 있었다.

픽사는 자신들이 지향하는 반문화적 정체성을 회사 위치에서부터 드러낸다. 기술 기업이지만 영화를 만드는 픽사는 실리콘밸리 중심부와는 거리를 두려고 했다. 애니메이션을 만들지만 테크놀로지에 기반한 픽사는 시끌벅적한 할리우드와도 떨어져 있으려고 했다. 픽사 캠퍼스는 초창기부터 픽사가 의도적으로 형성하려 했던 기업 문화를 반영하고 있다.

2000년 에머리빌 캠퍼스로 옮기기 전까지 픽사는 더욱 외딴곳에 있었다. 에머리빌에서 20㎞ 떨어진 포인트 리치먼드 시절, 픽사에서는 창밖으로 굴뚝과 파이프와 육중한 기계가 보였다. 맞은편에 셰브런 정유 공장이 있었기 때문이다. 픽사는 왜 후미진 곳에 터를 잡았을까. 에드 캣멀은 픽사의 캠퍼스를 이렇게 표현한다. "실리콘밸리와 할리우드에서 어느 정도 거리를 둔 장소에 섬처럼 떨어진, 영화나 컴퓨터 산업 문화에 치우치지 않고 영화 산업 인재도 컴퓨터 산업 인재도 두루 포용할 수 있는 커뮤니티"라고 말이다.

1995년 세계 최초로 100% 컴퓨터그래픽 장편 애니메이션을 선보이며 세상을 놀라게 한 픽사가 반문화의 조류를 이끌었던 버클리 근교에서 작업을 지속했다는 사실은 시사하는 바가 크다. 기술과 예술의 만남이라는 새로운 영역을 창조하려는 이들에게 기존의 문법과 주류의 시각은 거리를 유지해야 할 대상이었다. 이는 1970년대 반문화가 지향한 가치와 적확히 일치한다.

픽사뿐 아니라 많은 실리콘밸리 빅테크 회사들은 여전히 반문화 가치를 기업 철학으로 내세우고 있다. 세계에서 가장 커다란 부를 축적했음에도 '다름을 생각하라'고 속삭이고 '사악해지지 말자'고 말한다. 한발 나아가 이제 문화를 넘어 종교적 가치까지 기업 안에서 소화하려는 움직임을 보인다.

두 가지 '가치'의 경계에서 균형 잡기

픽사의 비약적 성장 비결은 한마디로 사업성과 예술성 사이에서 균형을 잡는 데에 성공했기 때문이다. 이 과정에서 레비의 임무는 훌륭한 예술가 집단이 사업적 가치를 확보해 비즈니스 세계에서도 살아남도록 동력을 확보하는 일이었다. 동시에 레비는 픽사가 상업적 이윤에만 골몰해 예술가 집단이 보유한 창의성이 훼손되지 않도록 보호하는 역할도 소홀히 할 수 없었다.

사업성과 예술성의 경계에서 픽사가 유지하려 애쓴 평형을 그는 '중도'로 풀이한다. 레비는 "픽사의 성공은 창조적 정신을 죽이지 않으면서 성장 동력을 부여해 줄 전략, 질서, 행정 체제를 충분히 계발하는 것에 달려 있었다"며 "우리의 영혼, 창조성, 인간성을 표출할 수 있도록 의지를 북돋는 동시에 일상생활의 요구와 책임에 관심을 기울이는 것"이 중도의 조언이라고 말한다. 중도란 결국 형태와 내용, 질서와 자유, 체제와 활기, 효율과 완벽, 예술성과 사업성 사이의 경계에서 추는 춤이나 다름없다.

실리콘밸리 근무 시절 틈틈이 캘리포니아 1번 도로를 따라 달렸다. 벌레의 눈을 탑재하고 수평적으로 지역을 바라보고 싶었다. 태평양을 따라 남쪽으로 내려가다가 마주한 마을 이름은 '빅서(Big Sur)'다. '빅서'는 1960년대 비트 세대를 주도한 미국 작가 잭 케루악의 자전적 소설 제목이기도 하다. 그는 빅서에서 한 계절을 보내며 이 작품을 썼다.

빅서에 도착하기 전 건너야 하는 다리는 '빅스비(Bixby)'였다. 빅스비는 국내 최대 스마트폰 제조사가 탑재한 생성형 인공지능 플랫폼의 명칭이다. 최첨단 테크놀로지를 대변하는 기업이 반문화적 향취가 듬뿍 들어있는 이름을 가져와 서비스에 붙였다. 일부러 둘의 경계에 서려는 의도가 분명하다.

애플은 아예 과일 이름을 사명으로 쓴다. 애플의 접근법은 기술은 기술 그 자체로 충분하지 않으며 기술은 언제나 예술의 해석을 필요로 한다는 것이다. 눈을 떠보니 기술과 예술, 두 영역의 반문화적 교차점에 선 기업이 세계를 이끌고 있다. 강화도에 사는 시인 함민복의 말처럼 '모든 경계에는 꽃이 피는' 법인가 보다.

참고문헌

김욱진(2024.7.24). "컴퓨터 팔던 '픽사', 브랜드가 되다". 내일신문. https://www.naeil.com/news/read/517787

김욱진(2025.5.16). "모든 경계에는 꽃이 핀다". 내일신문. https://www.naeil.com/news/read/548080

함민복(1999). 《모든 경계에는 꽃이 핀다》. 창비.

Catmull, E. & Wallace, A.(2014). *Creativity, Inc.: Overcoming the Unseen Forces That Stand in the Way of True Inspiration.* Random House. 윤태경·조기준 옮김(2025). 《창의성을 지휘하라》. 와이즈베리.

Chen, C.(2022). *Work Pray Code: When Work Becomes Religion in Silicon Valley.* Princeton University Press.

Isaacson, W.(2011). *Steve Jobs.* Simon & Schuster. 안진환 옮김(2011). 《스티브 잡스》. 민음사.

Kerouac, J.(1962). *Big Sur.* Farrar, Straus and Giroux. 김재성 옮김(2023). 《빅 서》. 민음사.

Levy, L.(2016). *To Pixar and Beyond.* Houghton Mifflin Harcourt. 강유리 옮김(2023). 《픽사, 위대한 도약》. 유엑스리뷰.

Lohr, S.(1997.2.25). Disney in 10-Year, 5-Film Deal With Pixar. New York Times. https://www.nytimes.com/1997/02/25/business/disney-in-10-year-5-film-deal-with-pixar.html

Luhn, M.(2018). *The Best Story Wins.* Morgan James Publishing. 박여진 옮김(2022). 《픽사 스토리텔링》. 현대지성.

Markoff, J.(1995.11.30). Apple Computer Co-Founder Strikes Gold With New Stock. New York Times. https://www.nytimes.com/1995/11/30/us/apple-computer

-co-founder-strikes-gold-with-new-stock.html
McHugh, J.(2003.1.1). Google vs. Evil. Wired.
https://www.wired.com/2003/01/google-10/
Pederson, J.P.(2000). International Directory of Company Histories Vol.34. St. James Press.
Pixar(2005.12.31). Annual Report(Form 10-K). U.S. Securities and Exchange Commission.
https://www.sec.gov/Archives/edgar/data/1002114/000119312506047278/d10k.htm
Tsukayama, H.(2017.3.23). Why Samsung's name for its personal assistant may twist quite a few tongues. Washington Post.
https://www.washingtonpost.com/news/the-switch/wp/2017/03/23/why-samsungs-name-for-its-personal-assistant-may-twist-quite-a-few-tongues/
Turner, F.(2022.3.8). Putting California Buddhism to Work in Silicon Valley. Los Angeles Review of Books.
https://lareviewofbooks.org/article/making-california-buddhism-do-work-in-silicon-valley/
Walters, D. K.(1986.2.8). Jobs Acquires Lucasfilm's Graphics Unit. Los Angeles Times.
https://www.latimes.com/archives/la-xpm-1986-02-08-fi-5742-story.html
Young, J.(2011.6.16). John Lasseter on Pixar's early days — and how 'Toy Story' couldn't have happened without Tim Burton. Entertainment Weekly.
https://ew.com/article/2011/06/16/pixar-john-lasseter-burton/

07
시적 과학과 문학적 기술

세계 최초의 컴퓨터로 인정받는 기계를 구상한 에이다 러브레이스는 어머니의 통제를 벗어나기 위해 '시적 과학(poetical science)'을 상상했다. 영국 여성 러브레이스는 공존할 수 없다고 생각되던 두 영역을 포기하지 않은 선구자였다. 한 세기가 흐르고 미국이 이를 이어받는다. 1970년대 샌프란시스코 베이 지역에서는 일련의 젊은이들이 문학과 기술의 교차점에서 인간의 자유와 진보를 모색한다.

AI와 애니메이션?

시적 과학을 상상한 '러브레이스'

기술의 장막 뒤에 문학이 있다. 소설가 한강의 노벨문학상 수상으로 한껏 고무된 대한민국에서 문학 이야기는 이제 낯설지 않다.

문학과 과학의 교차점에 서려고 한 사람들, 시와 소설이 기술에 미친 영향은 필자가 실리콘밸리 근무를 시작하던 때부터 한국에 돌아온 지금까지 수년간 붙들고 있는 주제다.

역사적 인물이 남긴 흔적을 살피기 위해 시계를 2세기 전으로 돌린다. 시작점은 시인 바이런(Byron)의 딸이자 세계 최초의 컴퓨터 프로그래머라는 칭호가 붙은 영국 여성 '에이다 러브레이스'다.

"당신은 내게 철학적 시를 허락해 주지 않을 거예요. 하지만 순서를 바꾸면 어때요? 시적인 철학, 시적인 과학은 허용해 줄 건가요?" 1815년 12월 10일 영국 런던에서 태어난 에이다 러브레이스가 십대 시절 어머니께 보낸 편지다.

에이다 러브레이스는 당대를 대표하는 낭만파 시인 '조지 고든 바이런'과 부유한 귀족 집안의 '애너벨라 밀뱅크' 사이에서 태어났다. 밀뱅크는 결혼 전 수학 교육을 받았고 이런 사실에 시인 바이런이 커다란 흥미를 느꼈다. 둘은 1815년 1월 결혼한다.

하지만 바람기가 다분했던 바이런은 결혼 후에도 수많은 여성과 염문을 뿌리고 다닌다. 결국 밀뱅크는 결혼 1년 만에 생후 5주였던 갓난아기 딸을 데리고 친정으로 탈출한다. 이후 에이다 러브레이스는 아버지 바이런을 단 한 번도 보지 못했다.

러브레이스는 아버지에게 물려받은 기질을 제어하려는 어머니의 엄격한 교육 아래 성장했다. 어머니의 전략 중 하나는 시적 상상력의 해독제로 수학을 활용하는 것이었다.

어린 시절부터 스코틀랜드 천문학자인 메리 서머빌에게 수학 교습을 맡겼고 다섯 살에 이미 "대여섯 자리 큰 수의 덧셈을 정확히 한다"는 평가를 받았다. 10대 때 비행기구를 설계할 계획을 세울 만큼 공학적 재능이 뛰어났던 러브레이스는 사춘기를 거치며 아버지의 유산까지 갖추고 있는 자신을 발견했다.

수학적으로 영민하지만 문학적 감수성까지 보유한 러브레이스는 어머니의 통제를 벗어나기 위해 '시적 과학(poetical science)'을 상상했다. 러브레이스는 열아홉 살이 되면서 '시적 과학'을 실현할 중요한 인물과 조우한다. 한 사교 모임에서 기계식 컴퓨터를 구상하고 있던

'찰스 배비지'를 만난 것이다.

러브레이스와 배비지는 힘을 모아 세계 최초의 컴퓨터로 인정받게 되는 기계, 해석 기관(Analytical Engine)을 만드는 작업에 착수했다. 공동 연구를 하던 중 러브레이스는 배비지와 인연이 있던 이탈리아의 공학자가 쓴 〈해석기관의 초안〉이라는 논문을 번역하는 일을 맡았다. 이 논문을 번역하면서 러브레이스는 원문보다 2.5배나 많은 65쪽에 달하는 주석을 달았다.

이 주석에는 본질적으로 최초의 '컴퓨터 프로그래밍'이라 볼 수 있는 내용이 수록되어 있다. 1843년 당시 27세였던 러브레이스는 컴퓨터가 발명되기 100년도 전에 디지털 시대 탄생의 기초가 되는 네 가지 중요한 개념에 대해 서술했다.

우선 러브레이스는 미리 프로그래밍된 반복을 뛰어넘어 무제한으로 작업을 실행할 수 있는 범용 기계를 상상했다. 이는 우리가 매일 사용하는 컴퓨터와 다름없다. 또한 이 범용 기계가 단순한 수학적 계산에 그치지 않고 글, 그림, 음악, 상징, 예술적 표기 등을 다룰 수 있는 기초 도구가 될 것으로 예측했다. 다음으로 단계별로 작동하는 방식의 개요, 즉 우리가 오늘날 알고리즘이라 부르는 개념을 제시했다. 끝으로 인공지능 시대에 여전히 가장 논쟁적 화두인 "기계가 과연 스스로 생각할 수 있는가"에 대해 질문을 던졌다.

세기가 흐르며 러브레이스는 모순되고 공존할 수 없다고 생각하던 두 가지 영역을 포기하지 않은 선구자라는 평가를 받고 있다. 러브레이스는 해석 기관을 서술할 때도 "방직기가 꽃과 잎의 무늬를 짜 나가듯이 대수의 무늬를 짜 나간다"는 문학적 표현을 쓰며 기성 과학계가 내친 기계의 가능성을 내다봤다.

베이 지역의 '헤세 르네상스'

러브레이스가 영국에서 뿌린 씨앗은 100년이 지나고 미국에서 꽃을 피운다. 1977년 미국 국방부가 개발한 고급 객체 지향 프로그래밍 언어에는 그를 기리는 의미에서 '에이다'라는 이름이 붙었다. 비슷한 시기 미국 서부에서는 일련의 젊은이들이 문학과 기술의 교차점에서 인간의 자유와 진보를 모색한다.

앞서 살펴봤듯이 1960년대 말과 1970년대 미국 서부의 샌프란시스코 베이, 즉 실리콘밸리에는 다양한 사회적 · 문화적 흐름이 존재했다. 방위 산업의 성장과 함께 최첨단 기술 혁명이 태동했다. 컴퓨터광을 중심으로 한 하위문화도 만개했다. 비트 세대를 주축으로 일어난 히피 운동과 버클리 대학의 언론 자유 운동을 발판 삼은 저항적 움직임도 있었다. 이러한 반문화 분위기에서 개인적 깨달음을 추구하는 이들도 늘어났다.

당시 미국 서부 젊은이들의 우상은 헤르만 헤세였다. 헤세가 1962년 사망하고 미국은 헤세 열풍에 빠진다. 독일 출판사 주어캄프(Suhrkamp)에 따르면 1973년까지 미국에서 헤세 작품은 모두 800만 부가 팔렸다.

당시 버클리 대학 근처에는 '데미안'이란 술집, '싯다르타'라는 이름의 옷가게, '파블로'라는 나이트클럽이 우후죽순 생겨날 정도였다. 모두가 헤세 소설의 등장인물로 미국에서는 당시의 반문화 현상을 '헤세 르네상스'로 부르고 있다.

헤세에 열광한 젊은이들 중 일부는 생활공동체를 만들어 자연으로 회귀했다. 헤세의 소설처럼 세금을 내고 법을 따르고 가부장적 질서에 편입되는 삶 너머에 자유롭고 해방된 세계가 있다고 봤기 때문이다.

헤세 르네상스를 대변하는 미국의 문학적 상징은 66번 국도(Route 66)다. 1926년 완공돼 1985년 고속도로에서 해제된 이 길은 오랫동안 미국 역사 · 문화 · 정신의 아이콘 역할을 했다.

시카고에서 로스앤젤레스까지 미국 동 · 서부를 잇는

3940㎞의 도로를 따라 많은 젊은이들이 캘리포니아로 왔다. 서쪽으로 길을 떠난 이에게 캘리포니아는 기회와 가능성의 땅 '골든 스테이트(Golden State)'였다.

캘리포니아 살리나스 출신으로 스탠퍼드 대학에서 공부한 작가 존 스타인벡은 소설 〈분노의 포도〉에서 "66번 도로는 작은 지류들의 어머니며 도망치는 사람들의 길"이라고 묘사한다.

서부로 가는 그들의 여정에서 1차 목표는 66번 도로에 들어서는 것이었다. 66번 도로를 타고 서쪽으로 가다 보면 언젠가 캘리포니아가 나온다고 믿었다. 예나 지금이나 캘리포니아는 새로운 미래를 꿈꾸는 이들의 정신적 · 물질적 플랫폼이다.

66번 도로가 상징하는 미국의 이상주의와 개척 정신은 실리콘밸리 빅테크 기업이 이어받았다. 애플은 여전히 자사 제품이 '캘리포니아에서 디자인된다(Designed in California)'고 내세운다.

문학과 결혼한 기술

헤세 르네상스에서 새로운 세상을 꿈꾼 젊은이들 중 일부는 컴퓨터 문화에서 가능성을 모색했다. 스탠퍼드 대학 커뮤니케이션학 교수 프레드 터너는 "1970년대에는 반문화주의자와 컴퓨터광이 기술을 개인 해방의 도구로 인식해 연대하는 흐름이 나타났다"며 "그들은 가상공간에서 대안 공동체를 만들 수 있다고 믿으며 공고한 사회의 벽을 뚫기 시작했다"고 말한다.

헤세 르네상스와 기술의 폭발적 성장의 교차점에 선 상징적 인물이 스티브 잡스다. 반문화 세계의 시민이자 컴퓨터광이던 그는 문학과 기술이 만나는 지점에서 1976년 4월 애플을 창업한다.

35년이 흐른 2011년 3월, 잡스는 죽음을 일곱 달 앞두고 있었다. 병가 중임에도 아이패드2를 공개하는 자리에 나선 잡스는 '문학과 결혼한 기술(Technology married with Liberal Arts)'이라는 개념으로 발표를 마무리한다. 애플이 세계적 기술 기업으로 성장한 배경에 문학적 소양이 짙게 배어 있음을 알 수 있다.

헨리 포드는 "고객에게 무엇을 원하냐고 물었다면 더 빠른 말을 원한다고 했을 것"이라고 말했다. 잡스도 마찬가지 관점을 가졌다. 그는 제품을 보기 전까지 대중은 진정 무엇을 원하는지 모른다고 믿었기에 시장 조사를 신뢰하지 않았다. 그에게 애플의 과제는 아직 보이지 않는 가치를 미리 읽어 내는 것이었다.

잡스는 특히 폴라로이드의 창업자 에드윈 랜드의 "최

고의 산업은 예술과 과학이 만나는 교차점에서 꽃 핀다"는 말을 좋아했다. 애플이 사람들의 사랑을 받는 이유를 자신들의 혁신에 깊은 인간애가 흐르기 때문이라고 설명했다.

잡스는 위대한 예술가와 위대한 엔지니어가 결국 비슷하다고 생각했다. 일례로 레오나르도 다빈치와 미켈란젤로 같은 위대한 예술가들은 과학에도 정통했다. 미켈란젤로는 조각에도 능했지만 돌을 어떻게 채석해야 하는지도 잘 알았다.

예술과 과학 기술에는 모두 자신을 표현하려는 욕망이 내재되어 있다. 실제로 매킨토시를 만들던 인재 중 일부는 시인이자 음악가였다. 1970년대부터는 개인용 컴퓨터를 통해 창의성을 드러낼 수 있었다.

문법적으로 틀린 '다르게 생각하라'

애플은 자신들의 반문화 정체성을 드러내는 과정에서도 문학적 방식을 십분 활용했다. 지금까지도 애플하면 떠오르는 슬로건 '다르게 생각하라(Think Different)'는 엄밀히 문법적으로 틀린 문장이다.

동사를 수식하기 위해 부사인 'differently'가 와야 하지만 잡스는 형용사 'different'를 명사처럼 활용할 수 있다고 주장했다. '다르게 생각하라'는 의도를 온전히 담기 위해 이 문장의 문법마저 다르게 생각할 수 있다고 본 것이다. '시적 허용(poetic license)'이 떠오르는 대목이다.

소설가 한강의 노벨문학상 수상 소식을 보며 새삼 번역의 중요성을 자각했다. 변변찮게 영어로 된 시 하나 제대로 외우지 못하는 형편이지만 애플의 '다르게 생각하라' 문안은 수백 번 암송해서 아직도 머릿속을 맴돈다. 한 편의 시와도 같은 이 작품의 의미를 누구보다 많이 생각해 본 이로서 필자의 번역을 공개한다.

> "이것은 미친 자들을 위한 편지. 부적응자들. 반항아들. 사고뭉치들. 네모난 구멍에 박힌 둥근 말뚝 같은 이들. 사물을 다르게 보는 사람들. 그들은 규칙을 싫어합니다. 현상 유지(status quo)에 대해서는 어떠한 자비도 없죠. 당신은 그들을 인용하거나 동의하지 않을 수 있어요. 치켜세우거나 깎아내릴 수도 있고요. 단 한 가지 할 수 없는 일은 그들을 외면하는 겁니다. 왜냐면 그들이 세상을 바꾸니까요. 그들이 인류를 나아가게 하니까요. 누구는 그들을 미쳤다고 하지만 우리는 거기서 천재를 봅니다. 세상을 바꿀 수 있다고 믿을 만큼 미친 자들이 결국 세상을 바꾸니까요."

참고문헌

김석도(1996). ""헤세 르네상스"의 실상과 그 문제점". 《독일학연구》, 5, 116~146쪽.

김욱진(2024.11.18). "시적인 과학과 문학적인 기술". 내일신문. https://www.naeil.com/news/read/529203

정여울(2020). 《헤세: 바로 지금, 나 자신으로 살기 위하여》. 아르테.

황진명·김유항(2016). 《과학의 일곱기둥》. 사과나무.

California State Assembly(1968). Statutes And Amendments To The Codes 1968. California State Assembly Office of the Chief Clerk. https://clerk.assembly.ca.gov/historical-information/archive-list/statutes-and-amendments-codes-1968

Golub, J.(1997). 〈Think different(TV advertisement)〉. Chiat/Day. https://www.youtube.com/watch?v=xIR1mCgO_g4

Isaacson, W.(2011). *Steve Jobs*. Simon & Schuster. 안진환 옮김(2011). 《스티브 잡스》. 민음사.

Isaacson, W.(2014). *The Innovators*. Simon & Schuster. 정영목·신지영 옮김(2022). 《이노베이터》. 21세기북스.

Ive, J. et al.(2016). *Designed by Apple in California*. Apple.

Jokic, M. I.(2016.12.7). The story of Edwin Land. The Harvard Gazette. https://news.harvard.edu/gazette/story/2016/12/the-story-of-edwin-land/

Padua, S.(2015). *The Thrilling Adventures of Lovelace and Babbage*. Pantheon. 홍승효 옮김(2017). 《에이다, 당신이군요. 최초의 프로그래머》. 곰출판.

Robinson, J.(2001). *Route 66: Lives on the Road.* Voyageur Press.

Siltanen, R.(2011.12.14). The Real Story Behind Apple's 'Think Different' Campaign. Forbes. https://www.forbes.com/sites/onmarketing/2011/12/14/the-real-story-behind-apples-think-different-campaign/

Steinbeck, J.(1939). *The Grapes of Wrath.* Viking Press. 김승욱 옮김(2008). 《분노의 포도 1, 2》. 민음사.

Taylor, R.(1843). *Scientific Memoirs*(Vol.3). Richard and John E. Taylor.

Toole, B.A.(1987). Poetical Science. *The Byron Journal, 15*, pp.55~65.

Toole, B. A.(1992). *Ada, the Enchantress of Numbers.* Strawberry Press.

Turner, F.(2006). *From Counterculture to Cyberculture: Stewart Brand, the Whole Earth Network, and the Rise of Digital Utopianism.* University of Chicago Press.

Vlaskovits, P.(2011). Henry Ford, Innovation, and That "Faster Horse" Quote. Harvard Business Review. https://hbr.org/2011/08/henry-ford-never-said-the-fast

Whitaker, W. A.(1993). Ada—the project: the DoD high order language working group. *ACM SIGPLAN Notices, 28*(3), pp.299~331.

08
AI에 대한 일론 머스크와 래리 페이지의 관점

인간과 기계가 어떤 관계를 맺어야 하는지에 대한 입장은 기업가마다 다르다. 래리 페이지는 기계가 인간을 능가할 수 있다고 보며 언젠가 이러한 시점이 다가올 것으로 예상한다. 반면 일론 머스크는 기술을 활용하는 '인간의 능력'에 방점을 찍는다. 그는 10대 때 인간이 생존하는 데 얼마가 필요한지 알고 싶어 하루 1달러만 쓰면서 살았다. 인간의 욕구 통제 가능성을 실험하며 반문화적인 '금욕주의'를 연습한 것이다.

AI와 인재 채용?

일론 머스크의 '욕구 통제'

실리콘밸리는 테크놀로지이고, 테크놀로지는 문화에 기반한다. 실리콘밸리 근무 3년을 포함해 지금까지 가장 몰두하고 있는 주제는 베이 지역의 반문화다. 세상을 바꾸려고 하는 창업가와 혁신가들은 왜 굳이 실리콘밸리로 몰려들까. 다양한 이유가 있겠지만 베이 지역을 관통하는 무형의 정서가 실재하기 때문이다.

우선 실리콘밸리를 물리적 공간으로 온전히 인지하는 일부터 시작했다. 좁은 의미의 실리콘밸리는 샌프란시스코만을 둘러싼 지역이다. 베이 지역을 한 바퀴 걷기로 결심했다. 집에서 동쪽 베이를 따라 샌프란시스코까지 올라가서 서쪽 베이를 따라 샌타클래라로 내려오는 형태로 동선을 짰다. 총길이는 160㎞쯤 됐다.

집을 나선 지 3시간 만에 맞닥뜨린 도시는 프리몬트(Fremont)다. 프리몬트는 테슬라의 공장이 있는 곳으로 유명하다. 공장 외부 한편에 기가프레스 방식으로 찍어낸 차체가 쌓여 있었다. 조립을 앞둔 모델3 차체를 보면서 자연스레 일론 머스크를 떠올렸다.

일론 머스크는 인공지능 시대를 대표하는 창업가다. 기술과 인간, 사회, 문화의 연결을 다루는 잡지 《와이어드(Wired)》는 2022년 1월 다수 스타트업 창업가를 상대로 설문 조사를 했다. 질문은 '누가 당신에게 영감을 주는가(Who inspires you)'였다.

15~30세 사이의 젊은 창업가 중 절반이 넘는 사람이 일론 머스크를 꼽았다. 소수 의견으로 현재 챗GPT로 각광받고 있는 오픈 AI의 창업자 샘 올트먼(Sam Altman)이나 핀테크 회사 스트라이프를 세운 패트릭 콜리슨(Patrick Collison) 정도가 언급됐다. 오늘날을 상징하는 혁신가는 누가 뭐래도 일론 머스크다.

2015년 3월 일론 머스크는 팟캐스트 '스타토크(Star Talk)'에 출연해 천체 물리학자 닐 디그래스 타이슨과 이야기를 나눈다. '인류의 미래(The Future of Humanity)'라는 제목으로 진행된 대담에서 머스크는 열일곱 살 때 캐나다에서 자신이 했던 실험 '1달러 프로젝트'에 대해 털어놓는다.

"10대 때 저는 생존하는 데 얼마가 필요한지 알고 싶었어요. 하루 1달러만 쓰면서 살아보기로 했죠. 핫도그와 오렌지를 박스째 사놓고 한 달을 버텼어요. 가능하더라고요. 여기서 저는 돈에 대한 관점(standpoint)을 배웠어요. 아무리 어려워도 한 달에 30달러는 벌 수 있을 테니까요."

이른바 '일론 머스크식 욕구 통제'다. 세속의 범인(凡

人)이 쉽사리 이해하지 못하는 괴짜 행동을 거듭하는 이 시대의 창업가도 시작점은 면밀하고 진지했다.

반문화적 '금욕주의'

머스크만 그런 것은 아니다. 미국 저널리스트 넬리 보울스(Nellie Bowles)는 베이 지역에 상주하며 테크놀로지와 문화를 다뤄 왔다. 샌프란시스코 크로니클(Chronicle)에서도 일한 이력이 있는 그의 주된 관심 분야는 창업가와 혁신가들 사이에 자리 잡은 반문화적 현상이다. 2019년 3월 보울스가 뉴욕타임스에 쓴 기사 제목은 '실리콘밸리는 왜 이리 고통의 미덕에 천착하는가(Why Is Silicon Valley So Obsessed With the Virtue of Suffering?)'였다.

기사에서 오바마 행정부 시절 '미국 경제 회복 자문위원'으로 활동한 벤처투자자 존 도어(John Doerr)는 "현재 실리콘밸리는 유사 이래 합법적으로 가장 커다란 부를 축적했다"고 평가했다. 이처럼 억만장자 반열에 오른 젊은 창업가들이 어쩐 일인지 하루 한 끼만 먹는다. 매일 명상에 집중하며 1년 중 열흘은 한마디도 하지 않는 묵언수행에 빠진다. 아침에는 얼음으로 샤워하고 편도 8㎞ 거리인 회사까지 걸어간다. 역사상 가장 부자가 된 이들이 도대체 왜 그럴까.

실리콘밸리 창업가들과 종종 저녁식사를 하는 작가이자 시카고대학 역사학 교수인 에이다 팔머(Ada Palmer)의 분석이 흥미롭다. "당신은 서른일곱이고 직접 세운 스타트업을 팔아 넘겨 억만장자가 됐어요. 꿈에 그리던 엑시트(exit)를 하고 부를 거머쥐었어요. 그런데 별로 행복하지 않다고 생각해 보세요. 무척 당혹스러운 일이죠." 그는 이를 가리켜 '슬픈 무기력(sad lethargy)'으로 표현했다. 극심한 경쟁과 끝없는 노력 끝에 거머쥔 성공이 슬픈 무기력으로 귀결되지 않도록 창업가들이 일상생활에서 틈틈이 반문화적인 '금욕주의'를 연습 중이라는 해석이다.

반문화적 금욕주의에서 연상되는 인물은 단연 21세기를 뒤흔든 혁신가 스티브 잡스다. 2009년 죽음을 2년 앞두고 잡스는 애플의 기업 공개(IPO)를 통해 갑자기 억만장자가 됐던 30년 전을 이렇게 회고했다.

"저는 자발적으로 풍족함을 멀리했어요. 단순한 삶을 고수했지요. 따라서 가난할 때도 돈에 대해 걱정하지 않았어요. 엄청난 부자가 되고도 돈이 제 삶을 망치는 일은 없을 것이라고 다짐했습니다."

머스크가 즐겨 내세우는 사명(mission)은 '세계를 구한다(save the world)'다. 이를 부를 축적하기 위한 수단이자 공허한 슬로건으로 폄훼할 수도 있겠지만 허무주의에 빠지지 않기 위해 포기할 수 없는 최상위 가치로도 볼 수 있다.

기술 발전 시대, 인간을 어떻게 볼 것인가

압도적인 규모와 속도에 탑재하고 하루가 다르게 바뀌는 실리콘밸리의 기술 흐름을 따라잡는 것은 상당히 벅찬 일이다. 근무 첫해인 2021년에는 모두가 '디지털 전환'을 이야기했다. 하지만 당시 품었던 의문은 '우리가 언제쯤 디지털 세상에서 완전한 의식주를 영위할 수 있을까'였다. 답을 찾으려다 보니 선행되는 물음은 '완전한 디지털 전환이 이뤄졌을 때 무엇이 인간을 인간답게 하는가'였다.

코로나19가 안정되면서 사람들은 보란 듯이 대면 활동에 나섰다. 디지털 세계에서도 충분히 가능한 일들이었지만 많은 이들이 해방감을 만끽하듯이 밖으로 나왔다. 디지털 전환을 외치던 실리콘밸리의 테크 기업들은 확장이 여의치 않자 대량 해고를 감행했다.

무엇이 인간을 인간답게 하는가에 대한 답은 아직도 찾고 있지만 디지털 전환을 둘러싼 일련의 과정을 보면서 '인간을 인간답게 하는 공통된 무엇이 반드시 있다'는 결론에는 도달할 수 있었다.

근무 2년차인 2024년에 떠오른 기술 화두는 '메타버스'였다. 메타버스를 이해하기 위해 실리콘밸리에서 열리는 테크 콘퍼런스를 찾아다녔다. 당시 한국에서는 '메타버스로 어떻게 돈을 벌 것인가'가 주된 담론이었다. 메타버스 시대를 대비해 우리가 뒤처지지 않고 수익을 만들어 내기 위해서는 이제부터 어떻게 해야 하느냐가 많은 이의 관심사였다.

하지만 실리콘밸리의 테크 콘퍼런스는 메타버스 시대가 불러올 급속한 가치의 변화와 새로운 인간 윤리에 더욱 집중하고 있었다. 콘퍼런스에서 가장 중요한 물음은 메타버스가 보편화되었을 때 '가상공간에서 활동하는 인간의 권한을 얼마나 부여하고 인간의 범위를 어디까지 규정할 것인가'였다.

실리콘밸리 테크 콘퍼런스 현장에서 이처럼 본질적이고 철학적인 이야기가 오간다는 점에서 적잖은 충격을 받았다. 한국에서는 주로 한가한 소리로 치부되는 주제에 대해 미국 현지 연사들이 진지한 토론을 하는 것을 보고 내심 놀랐다. 쟁점은 결국 '기술 발전과 함께 인간을 어떻게 바라볼 것인가'다.

2023년이 되자 순식간에 각광을 받은 기술은 생성형 인공지능(AI)이다. 근무 마지막 해에는 실리콘밸리에서 만나는 사람마다 챗GPT를 이야기했다. 메타버스에 미적지근하던 대중이 챗GPT에는 열광했다. 이러한 차이를 보면서 다시 떠올린 생각은 '인간이 공통적으로 감응하는 무언가가 분명히 있다'는 사실이다.

머스크와 페이지, '인간'에 대한 가치관 차이

거대 기술 기업 구글이 머뭇거리는 사이 상대적으로 기민한 오픈 AI가 GPT 서비스를 선점한 것도 커다란 화제였다. 생성형 인공지능을 둘러싼 둘의 대결은 오픈 AI를 공동 설립한 일론 머스크와 구글 창업자 래리 페이지의 가치관 차이까지 거슬러 올라간다.

2013년 나파밸리에서 열린 머스크의 생일 파티에서 둘은 인공지능을 두고 충돌한다. 머스크는 "인간의 의식은 우주의 소중한 불꽃"이므로 "안전장치를 마련하지 않으면 인공지능이 인간을 대체할 것"이라 말했다.

래리 페이지는 즉각 반발했다. "언젠가 기계가 지능과 의식 수준에서 인간을 능가한다고 해도 이는 그저 진화의 다음 단계일 뿐"이라는 게 페이지의 기본 입장이다. 페이지는 아예 머스크를 인간만 편향적으로 우월시하는

'종차별주의자(specist)'로 규정할 정도였다. 머스크의 대답은 짧지만 단호하다. "나는 친인간적이에요."

인간과 기계가 어떤 관계를 맺어야 하는지에 대한 입장은 기업가마다 다르다. 래리 페이지는 기계가 인간을 능가할 수 있다고 보며 언젠가 이러한 시점이 다가올 것으로 예상한다. 래리 페이지와 공동창업자 세르게이 브린이 구글을 설립하면서 컴퓨터 과학자 앨런 튜링(Alan Turing)과 미래학자 레이 커즈와일(Ray Kurzweil)의 영향을 크게 받았다는 사실은 공공연하게 알려져 있다.

튜링은 컴퓨터와 로봇이 스스로 학습해 인간을 뛰어넘는 사고까지 할 수 있다고 주장했다. 커즈와일은 언젠가 인간이 영생할 수 있는 '특이점(singularity)'이 온다는 개념을 제시했다. 2005년 처음 책이 발간될 당시 2045년으로 제시된 특이점은 현재 기준 2029년으로 당겨졌다는 이야기까지 나온다.

반면 21세기를 대표하는 실리콘밸리의 기업가 두 명은 기술을 활용하는 인간의 능력, 다시 말해 인간다움에 방점을 찍는다. 둘은 바로 일론 머스크와 스티브 잡스다. 2023년 발간된 일론 머스크 전기를 보면 머스크가 "나는 정말로 인간다움을 좋아한다(I like humanity)"고 받아치는 장면이 나온다. 거침없는 그답게 F로 시작하는 욕설을 섞어서 강조하며 말한다.

죽음을 앞둔 스티브 잡스는 보다 담담하게 고백했다. 그는 전기작가에게 보낸 편지에서 "애플의 혁신에는 인간애(humanity)가 흐르고 있다"고 서술한다. 아예 "훌륭한 기술자(engineer)와 훌륭한 예술가(artist)는 비슷한 사람들"이라고까지 말한다.

실리콘밸리 근무를 마감하면서 큰 질문에 대한 작은 힌트라도 마련하기 위해 노력했다. 인간과 기계의 관계에 대한 필자의 입장은 일론 머스크와 스티브 잡스에 가깝다. 기계가 인간을 능가해서 사고하는 시점이 올 수 있겠지만 그때까지라도 인간을 인간답게 하는 능력을 갈고닦을 생각이다.

그게 무엇인지 확신할 수 없지만 체험과 직관과 의외성에 기반한 글을 창작하면서 인공지능의 도움을 받지 않으려고 애썼다. 훌륭한 기술자가 못 된다면 훌륭한 예술가라도 되고 싶었기 때문이다.

참고문헌

김욱진(2022.4). "'세상을 바꾸는 세계'를 걷다". 《이코노미인사이트》, 144.

김욱진(2023.6.12). "걷는 혁신가들". 헤럴드경제. https://biz.heraldcorp.com/article/3144229

김욱진(2023.7.11). "실리콘밸리 대가들은 왜 욕구를 통제하려고 할까". 내일신문. https://www.naeil.com/news/read/466633

김욱진(2024.1.16). "기술혁신 시대의 인간, 그래도 희망이 있다". 내일신문. https://www.naeil.com/news/read/486130

Barbook, R. & Cameron, A.(1996). The Californian Ideology. *Science as Culture, 6*(1), pp.44~72.

Bowles, N.(2019.3.26). Why Is Silicon Valley So Obsessed With the Virtue of Suffering?. New York Times. https://www.nytimes.com/2019/03/26/style/silicon-valley-stoics.html

Clifford, C.(2019.4.8). Billionaire Jack Dorsey's 11 'wellness' habits: From no food all weekend to ice baths. CNBC. https://www.cnbc.com/2019/04/08/twitter-and-square-ceo-jack-dorsey-on-his-personal-wellness-habits.html

Ferriss, T.(2016). *Tools of Titans*. Houghton Mifflin Harcourt. 박선령·정지현 옮김(2017). 《타이탄의 도구들》. 토네이도.

Hern, A.(2023.5.21). Mark Zuckerberg's metaverse vision is over. Can Apple save it?. The Guardian. https://www.theguardian.com/technology/2023/may/21/mark-zuckerbergs-metaverse-vision-is-over-can-apple-save-it

Isaacson, W.(2011). *Steve Jobs*. Simon & Schuster. 안진환 옮김(2011). 《스티브 잡스》. 민음사.

Isaacson, W.(2023a). *Elon Musk*. Simon & Schuster. 안진환 옮김(2023). 《일론 머스크》. 21세기북스.

Isaacson, W.(2023b.9.6). Inside Elon Musk's Struggle for the Future of AI. Time. https://time.com/6310076/elon-musk-ai-walter-isaacson-biography/

Knowledge at Wharton(2000.4.13). Mercenaries vs. Missionaries: John Doerr Sees Two Kinds of Internet Entrepreneurs. Wharton School of the University of Pennsylvania. https://knowledge.wharton.upenn.edu/article/mercenaries-vs-missionaries-john-doerr-sees-two-kinds-of-internet-entrepreneurs/

Kurzweil, R.(1999). *The Age of Spiritual Machines.* Viking Press. 채윤기 옮김(1999). 《21세기 호모 사피엔스》. 나노미디어.

Kurzweil, R.(2005). *The Singularity Is Near.* Viking. 김명남·장시형 옮김(2025). 《특이점이 온다》. 김영사.

Kurzweil, R.(2024). *The Singularity Is Nearer.* Penguin Books. 이충호 옮김(2025). 《마침내 특이점이 시작된다》. 비즈니스북스.

Musk, E. et al.(2015.3.22). 〈The Future of Humanity with Elon Musk(Podcast Interview)〉. StarTalk. https://startalkmedia.com/show/the-future-of-humanity-with-elon-musk/

Pardes, A.(2022.1.13). Who Do Young Entrepreneurs Look Up To? Elon Musk. Wired. https://www.wired.com/story/young-entrepreneurs-elon-musk/

Vanham, P.(2023.9.27). Can Elon Musk really save the world?. Fortune. https://fortune.com/longform/how-green-is-elon-musk-tesla-energy-emissions/

09
인공지능과 인간의 사색 가능성

프랭클린 포어는 마이크로소프트가 인수한 잡지 '슬레이트'의 편집장이었다. 그는 기술 기업과 일한 경험을 바탕으로 인공지능에 기반한 빅테크의 서비스가 인간의 소중한 무언가를 빼앗고 있다고 주장한다. 그리고 인간은 그에 대응해 '사색 가능성(possibility of contemplation)'을 회복해야 한다고 말한다. 실리콘밸리의 창업가들이 실체적 경험과 생각에 공을 들이는 '반문화적' 삶의 자세를 여전히 유지하고 있다는 사실에 주목할 필요가 있다.

AI와 기자?

지각이 있는 '인공지능'은 출현할까

챗GPT에 물었다. "나는 누구인가요(Who am I)?" 챗GPT의 답은 장황했다. "인공지능 언어 모델로서, 나는 개인정보에 대한 접근 권한이 없습니다. 당신은 이 창을 통해서 나와 대화하고 있는 사용자입니다." 질문을 하나 더 던졌다. "나의 이름은 무엇인가요(What is my name)?" 다시금 원론적인 대답이 돌아왔다. "당신은 내게 이름을 말한 적이 없습니다. 따라서 나는 이 질문에 답할 수 없습니다."

하지만 필자는 이름을 입력하고 챗GPT에 가입했다. 개인정보를 넣거나 마이크로소프트와 구글 계정 중 하나를 이용해서 가입할 수 있었다. 잘 사용하지 않는 마이크로소프트를 통해서 계정을 연결했다. 마이크로소프트가 챗GPT 개발사인 오픈 AI에 100억 달러를 추가 투자한다는 소식을 몇 해 전 들었기 때문이다.

분명 이름을 적었는데 내가 이름을 말한 적이 없다니 의아했다. 오픈 AI가 그만큼 개인정보를 철저히 관리한다는 뜻으로 해석하면 될까. 마이크로소프트가 투자한 100억 달러는 주로 어디에 쓰일까.

챗GPT를 둘러싼 궁금증은 더욱 커졌다. 특히 대규모 언어 모델(LLM)을 둘러싼 구글과 어느 개발자의 갈등이 떠올랐다.

2022년 6월, 한 구글 엔지니어는 대규모 언어 모델 '람다(LaMDA)'가 사람이라고 주장한 후 회사에서 관리 휴가를 받았다. 당사자인 블레이크 르모인(Blake Lemoine)은 상사에게 엔지니어가 만든 컴퓨터 시스템이 지각력이 있고 영혼이 있음을 고려해 달라고 요청했다.

물론 구글은 여기에 동의하지 않았다. 결국 르모인은 긴 유급 휴가에 들어갔고 회사를 그만둘 수밖에 없었다. 구글은 대변인을 통한 공식 성명에서 "많은 연구자들이 장기적으로 지각이 있는(sentient) AI의 가능성을 고려하고 있지만 지각력이 없는 현재의 대규모 언어 모델을 의인화하는 것은 말이 되지 않는다"고 발표했다.

르모인의 주장으로 실리콘밸리의 인공지능 개발자 집단은 뜨겁게 달아올랐다. '잘못된 의인화(anthropomorphizing)' 개념이 르모인의 행동을 분석하는 도구로 쓰였다. 챗GPT와 같은 대규모 언어 모델의 대답은 기본적으로 자동 완성과 같다. 대답에는 인지와 지각과 이해가 없다. "나는 개와 고양이를 사랑합니다"고 대답해도 대규모 언어 모델은 개와 고양이가 무엇인지 모른다는 뜻이다.

따라서 르모인의 주장은 많은 이의 지지를 받지 못했

다. 동시에 생각해 볼 문제는 챗GPT와 같은 대규모 언어 모델이 신뢰할 만한 응답을 제시했을 때 우리는 어떤 기계가 아닌, 어떤 사람을 떠올리는 경향이 있다는 것이다. 필자도 그랬다. 질문에 답을 만들어 내는 커서의 움직임을 보면서 미지의 공간에서 타자를 치는 인물을 상상하고 있었다. 챗GPT를 의인화한 것이다.

르모인 해고 사례에서 보듯 현재 인공지능에 대한 과도한 의인화는 많은 이들의 공감을 사지 못한다. 구글 대변인의 성명에서 보듯 어쩌면 지각이 있는 대규모 언어 모델이 현실화되려면 오랜 시간이 필요할는지도 모르겠다.

보다 가치가 있는 논의는 AI가 이미 우리 일상의 커다란 일부가 되고 있다는 사실이다. 대규모 언어 모델을 둘러싼 마이크로소프트와 구글의 경쟁에서 보듯 빅테크 기업은 새로운 시스템을 개발하기 위한 작업에 대규모 자본을 투입하고 있다.

이미 인공지능은 실시간으로 번역 서비스를 제공하고 자율주행차를 운전하고 사람들이 무슨 의료 서비스를 받을지까지 결정한다. 앞으로는 전쟁터에서 치명적인 무력을 사용할지 여부를 결정하는 최종 권한을 가질 수도 있다. 이처럼 우리는 인공지능에게 보다 많은 선택권을 부여하는 방향으로 나아갈 것이다.

거대한 흐름을 거스를 수 없다고 가정할 때 결국 우리에게 요구되는 능력은 인공지능을 주체적으로 사용할 수 있는 힘이다. 인공지능은 우리의 삶을 쉽고 효율적으로 만들고 있다. 하지만 그것에 의미를 부여하는 능력은 아직도 인간의 영역이다. 르모인의 주장과 달리 현재 인공지능은 지각력이 없다고 보기 때문이다.

반문화적 삶의 자세와 '사색 가능성'

《생각을 빼앗긴 세계》의 저자 프랭클린 포어는 인공지능에 기반한 빅테크 기업의 서비스가 인간이 가진 소중한 무엇인가를 빼앗고 있다고 주장한다. 그리고 인간은 그에 대응해 '사색 가능성(possibility of contemplation)'을 회복해야 한다고 말한다. 아직까지 사색 가능성은 인간의 영역이기에 자신을 정의하기 위해 우리는 눈감는 순간까지 수많은 생각과 경험을 해야만 할 것이다.

특히 24시간 온라인에 접속해 있을 것처럼 보이는 실리콘밸리의 창업가들이 실체적 경험과 생각에 공을 들이는 '반문화적' 삶의 자세를 유지하고 있다는 사실에도 주목할 필요가 있다.

샌프란시스코에 사는 트위터 창업자 잭 도시(Jack

Dorsey)는 걸어서 출근한다. 집에서 회사는 약 8.5킬로미터 떨어져 있다. 걸어서 회사까지는 보통 75분이 걸린다. 7시 30분쯤 집을 나서면 8시 45분경 회사에 도착한다. 2년 넘게 걸어서 회사까지 가는 방식을 고수했던 그는 한 인터뷰에서 자신이 '가장 잘한 투자(the most worthwhile investment)'로 도보 출근을 꼽았다.

포브스에 따르면 도시의 자산 가치는 44억 달러가 넘는다. 원화로 6조 원에 달하는 어마어마한 재산을 보유한 억만장자는 왜 걸어서 출근할까. 실리콘밸리라 불리는 지역에서 3년 간 근무하면서 눈에 들어오는 현상이 있었다. 빅테크 기업의 창업자들이 일상생활과 의사 결정 과정에서는 단순함과 고요함에 충실하고 기본에 천착한다는 사실이다.

매일 새벽 5시 30분에 기상하는 잭 도시는 일어나자마자 트위터를 확인할 것 같지만 회사에 도착하기 전까지 철저하게 휴대 전화를 사용하지 않는다. 아침마다 자신만의 고요한 시간을 확보해 중요한 의사 결정을 내리기 위한 몸과 마음 상태를 유지하는 것이다. 잭 도시는 이를 정신을 맑게(clear), 육체를 작동하게(performant) 만드는 과정으로 묘사했다. 도보 출근도 걷기가 가장 단순하고 기본적인 인간의 행위라는 점에서 마찬가지다.

월터 아이작슨이 쓴 《스티브 잡스》 전기에는 '산책'이라는 단어가 모두 43번 등장한다. 그만큼 잡스는 중요한 결정을 내릴 때마다 산책을 활용했다. 산책은 일생에 걸쳐 그가 가장 좋아하는 미팅 방식이었다.

젊은 시절, 애플이 마이크로소프트와 라이선스 협상에 나설 때도 잡스는 빌 게이츠에게 긴 산책을 하자고 제안했다. 누군가와 함께 산책하는 것은 잡스가 일과 삶에서 즐겨 사용한 문제 해결 도구였다. 그는 문제가 풀리지 않을 때마다 오랜 시간 걸으며 상대방과 이야기를 나눴다. 동료들은 잡스와 걷고 나면 "열 번 중 아홉 번은 접근법을 찾을 수 있었다"고 평가했다.

잡스가 산책이라면 아마존의 제프 베이조스는 수면을 강조한다. 베이조스는 2018년 9월 워싱턴DC에 소재한 경제 클럽(The Economic Club)과 인터뷰하며 기업가로서 자신이 가장 우선시하는 것은 '8시간 수면'이라고 밝힌다.

잠을 제대로 자야 더욱 나은 생각과 사고를 할 수 있고 이는 질 높은 결정으로 이어진다는 뜻이다. 베이조스는 자신의 의사 결정이 대부분 3년 후 아마존과 직결되어 있으므로 미래를 내다본다면 하루 세 번 좋은 결정을 하는 것으로 충분하다고 말한다. 그는 3개의 좋은 결정을 위해 8시간을 잔다.

4당5락을 금과옥조처럼 여기며 살아온 한국인에게 8시간 수면은 생경하면서도 반갑다. 푹 자고 잘 걸어야 좋은 아이디어가 나온다는 사실을 혁신가들은 직관적으로 알고 있을지 모른다.

전 지구적 차원에서 본 인공지능

챗GPT와 관련해 또 한 가지 생각해 볼 문제는 에너지다. 2023년 초 구글과 마이크로소프트는 검색 엔진에 대한 대대적인 개편안을 발표했다. 두 회사 모두 대규모 언어 모델을 사용하는 생성형 AI를 구축하는 데 많은 돈을 쏟아붓고 있다. 앞서 말한 마이크로소프트가 오픈 AI에 100억 달러를 투자하기로 결정한 사실이 이를 증명한다.

고성능 AI 기반 검색 엔진을 구축하기 위한 경쟁은 결국 컴퓨팅 성능의 극적인 향상이 수반되어야 한다. 이를 조성하기 위해 빅테크 기업이 사용하는 에너지와 탄소 배출량을 생각해 볼 필요가 있다. 특히 검색 엔진에 생성형 AI를 통합하는 과정에서 대규모 처리 센터에 필요한 전력과 냉각 자원이 기하급수적으로 늘어날 것이다.

챗GPT 개발사인 오픈 AI와 구글은 생성형 AI를 탑재하는 데 필요한 컴퓨팅 비용이 얼마인지 밝히지 않았다.

UC버클리 대학 보고서에 따르면 챗GPT가 부분적으로 기반하는 GPT-3 트레이닝은 1287MWh 전력을 소비하고 550톤의 이산화탄소를 배출한다. 한 사람이 샌프란시스코에서 뉴욕을 550번 왕복하는 것과 같은 양이다.

전문가들은 현재 방식의 검색 프로세스에 생성형 AI를 추가하면 검색당 최소 5배 많은 컴퓨팅이 필요할 것으로 분석하고 있다. 게다가 사용자의 요구 사항을 충족하려면 모델을 보다 자주 트레이닝하고 계속해서 매개변수를 추가해야 한다. 에너지 규모는 더욱 커질 수밖에 없다.

국제에너지기구(IEA)에 따르면 데이터 센터는 현재 전 세계 온실가스 배출량의 1%를 차지한다. 배출 규모는 클라우드 컴퓨팅 수요가 늘면서 증가할 것으로 예상되지만 빅테크 기업은 지구온난화에 대한 영향을 줄일 수 있다고 말한다. 엔지니어들이 보다 효율적인 트레이닝 기술을 개발하고 있으며 학습 모델은 필요한 부분만 실행되도록 잘게 쪼갤 수 있다고 주장한다.

하지만 AI의 정확도를 높이는 작업은 일반적으로 더 복잡한 모델이 더 많은 데이터를 선별한다는 뜻이다. 오픈 AI의 GPT-2 모델은 데이터를 평가하는 데 15억 개의 매개 변수를 사용했지만 GPT-3에서는 1750억 개로 늘어났다. 이는 AI의 효율성을 높이는 과정에서 지속가능성까지 확보하기가 어렵다는 점을 시사한다.

테크 기업 출신 작가 애나 위너는 《언캐니밸리》에서 실리콘밸리의 감춰진 측면을 다뤄 호평을 받았다. 위너는 책에서 지금 보편화된 클라우드 서비스를 다른 시각으로 해석한다. 그는 "클라우드는 미국 텍사스 중부나 아일랜드의 코크 또는 독일 바이에른에 위치한, 간판도 달리지 않은 데이터 센터에 불과했으나 그런 건 아무도 신경 쓰지 않았다"고 담담히 서술한다.

챗GPT를 사용하면서 쉴 새 없이 돌아가는 컴퓨팅 트레이닝 센터를 떠올리는 사람은 많지 않을 것이다. 하지만 이면에도 분명히 현실이 있다. 내가 의존하는 무료 서비스가 지구적 차원에서 보면 결코 공짜가 아니라는 사실을 사용자로서 틈날 때마다 환기해야겠다. 챗GPT를 이용하며 여러 면에서 더욱 혼란스러워지고 있지만 아직까지는 인간의 '사색 가능성'을 믿고 싶다.

참고문헌

김욱진(2023.2.21). "챗GPT와 사색가능성". 내일신문. https://www.naeil.com/news/read/451925

Bezos, J.(2018.9.13). 〈The Economic Club's Milestone Celebration(Transcript)〉. The Economic Club.

https://www.economicclub.org/sites/default/files/transcripts/Jeff_Bezos_Edited_Transcript.pdf

Bilton, N.(2014.9.10). Steve Jobs Was a Low-Tech Parent. New York Times.
https://www.nytimes.com/2014/09/11/fashion/steve-jobs-apple-was-a-low-tech-parent.html

Bishop, T. & Soper, T.(2023.2.7). Microsoft reveals new search engine and browser with AI 'copilot,' escalating battle with Google. GeekWire.
https://www.geekwire.com/2023/microsoft-reveals-new-search-engine-and-browser-with-ai-copilot-escalating-battle-with-google/

Clifford, C.(2019.4.8). Billionaire Jack Dorsey's 11 'wellness' habits: From no food all weekend to ice baths. CNBC.
https://www.cnbc.com/2019/04/08/twitter-and-square-ceo-jack-dorsey-on-his-personal-wellness-habits.html

Ferriss, T.(2016). *Tools of Titans*. Houghton Mifflin Harcourt.
박선령·정지현 옮김(2017). 《타이탄의 도구들》. 토네이도.

Foer, F.(2017). *World Without Mind*. Penguin Press.
박상현·이승연 옮김(2019). 《생각을 빼앗긴 세계》. 반비.

Forbes Profile(2025). The World's Billionaires: Jack Dorsey. Forbes. https://www.forbes.com/profile/jack-dorsey/

Getahun, H.(2023.2.13). The internet contributes 1.6 billion annual tons in greenhouse gas emissions. Google and Microsoft's AI search war will make it worse. Business Insider.
https://www.businessinsider.com/google-microsoft-ai-search-war-will-add-to-carbon-emissions-2023-2

IEA(2023). Data Centres and Data Transmission Networks.

International Energy Agency.
https://www.iea.org/energy-system/buildings/data-centres-and-data-transmission-networks
Isaacson, W.(2011). *Steve Jobs.* Simon & Schuster. 안진환 옮김(2011). 《스티브 잡스》. 민음사.
Johnson, K.(2022.6.14). LaMDA and the Sentient AI Trap. Wired. https://www.wired.com/story/lamda-sentient-ai-bias-google-blake-lemoine/
Knight, W.(2023.5.10). Google Just Added Generative AI to Search. Wired.
https://www.wired.com/story/google-io-just-added-generative-ai-to-search/
Levy, S.(2022.6.17). Blake Lemoine Says Google's LaMDA AI Faces 'Bigotry'. Wired.
https://www.wired.com/story/blake-lemoine-google-lamda-ai-bigotry/
Lynch, S.(2021.2.5). How Large Language Models Will Transform Science, Society, and AI. Stanford Institute for Human-Centered Artificial Intelligence.
https://hai.stanford.edu/news/how-large-language-models-will-transform-science-society-and-ai
Metz, C. & d Weise, K.(2023.1.23). Microsoft to Invest $10 Billion in OpenAI, the Creator of ChatGPT. New York Times.
https://www.nytimes.com/2023/01/23/business/microsoft-chatgpt-artificial-intelligence.html
Patterson, D. et al.(2021). Carbon Emissions and Large Neural Network Training. https://arxiv.org/abs/2104.10350
Sax, D.(2016). *The Revenge of Analog.* PublicAffairs.

박상현·이승연 옮김(2017). 《아날로그의 반격》. 어크로스.

Stokel-Walker, C.(2023.2.10). The Generative AI Race Has a Dirty Secret. Wired. https://www.wired.com/story/the-generative-ai-search-race-has-a-dirty-secret/

Wiener, A.(2020). *Uncanny Valley: A Memoir*. MCD Books. 송예슬 옮김(2021). 《언캐니 밸리》. 카라칼.

10
AI 시대의 의미 찾기, 전념의 반문화

혁신은 남다른 생각을 바탕으로 색다른 아이디어를 현실로 만드는 일로, 주류의 통념을 거부할 때 태동한다. 태생적으로 반문화적인 것이다. 피트 데이비스는 하버드 법학대학원 졸업식에서 '전념하기의 반문화(A counterculture of commitment)'라는 주제로 연설해 큰 호응을 얻었다. 그는 무한 탐색과 끊임없는 접속을 벗어나 하나에 전념하는 것을 현대 사회의 '반문화적' 행위로 규정했다.

AI와 미래 의사?

기술의 세계, 살 만한 가치가 있는 인생

추석이 다가오면 추억에 잠긴다. 선선한 초가을 바람에 몸이 감응하는 이유는 꼭 이맘때 아버지를 잃었기 때문만은 아닐 것이다. 9월로 달력이 넘어간 2024년의 어느 날, 괜스레 마음이 조급해졌는지 밤늦게 잠을 이루지 못했다. 필자는 이럴 때마다 이란에서 근무하던 10여 년 전 기억을 소환한다.

당시는 인공지능이 아닌 팟캐스트의 시대였다. 11년 전 다운받은 3시간짜리 팟캐스트 음원을 찾아 틀고 잠을 청했다. 프로그램은 2013년 7월 시작해 3년간 계속된 평론가 신형철의 〈문학 이야기〉다. 프로그램의 첫 회에서 진행자 신형철은 팟캐스트의 문을 열며 책을 하나 소개한다.

책은 UC버클리에서 오랜 시간 강의하며 현대 기술을 철학적으로 해석한 '휴버트 드레이퍼스'가 그의 제자이자 하버드대 학장인 '숀 도런스 켈리'와 함께 쓴 《모든 것은 빛난다(All Things Shining)》다.

'세속의 시대에서 의미를 찾기 위한 서양 고전 읽기'라는 부제가 붙은 이 책은 2011년 1월 양장본으로 미국에서 처음 출간됐다. 2023년 9월에는 우리말 개정판도 나왔다. 그사이 휴버트 드레이퍼스는 향년 87세의 나이로 세상을 떠났다.

필자의 눈길을 끈 내용은 테크놀로지에 대한 저자들의 시각이다. 드레이퍼스와 켈리는 책의 마지막 장에서 '세속의 시대에서 살 만한 가치가 있는 인생(Lives Worth Living in a Secular Age)'을 논한다.

우선 두 철학자는 테크놀로지를 현대 세계가 작동하는 기본 원리, 즉 공리(公理, axiom)로 전제한다. 이들에 따르면 현대 테크놀로지의 주된 목적은 어느 분야든 누구나 접근 가능하도록 만드는 것이다. 다시 말해 "테크놀로지란 힘든 일들을 쉽게 만들어서 우리의 삶을 향상하는 것"이다.

두 철학자는 테크놀로지의 대표 사례로 위성 항법 장치(GPS)를 분석한다. 내비게이션 시스템만 있으면 길 잃을 일이 없다는 점에서 GPS는 대단히 편리하다. 저자들의 표현처럼 이제 "낯선 곳에서 운전한다는 것은 GPS가 가르쳐주는 대로 좌회전하거나 우회전하는 것"이다.

테크 기업 입장에서는 이런 정의조차 구식처럼 들린다. 캘리포니아에 거주하는 많은 이들에게 운전이란 커다란 스크린에 목적지를 말한 다음 간헐적으로 핸들에 손만 올려놓고 딴생각을 하는 것이다. 실리콘밸리 근무 시절, 샌프란시스코와 새너제이를 잇는 101번 도로에서 수없이 마주친 테슬라의 '오토파일럿' 구독자들처럼 말이다.

드레이퍼스와 켈리는 동시에 테크놀로지의 향상은 '의미의 가능성(possibility of meaning)'을 축소한다고 말한다. GPS에 의존하는 운행은 우리가 어디에 있는지, 어디로 가는지, 그곳에 어떻게 도달할지에 대한 감각을 거의 필요로 하지 않는다. GPS가 대신 항해를 하는 동안 주변에 대한 우리의 이해는 최소한으로 줄어든다. 랜드마크에 대한 인지, 도로 표지판에 대한 해석, 동서남북에 대한 감수성도 함께 잃는다.

GPS에 의존한 운행은 운전 기술을 숙련하면서 축적할 수 있는 차이를 사소한 것으로 덮어버린다. 이로써 운전자에게, 아니 우리에게 세계는 점점 단조로워진다. 세계가 단조로워질수록 우리 자신에 대한 이해도 단조로워진다. 우리가 단조로운 존재가 될수록 인생에서 의미를 발견할 가능성은 낮아진다는 게 저자들의 주장이다.

전념하기의 반문화

지금까지 필자 인생에서 '의미의 가능성'을 급작스레 끌어올려야 했던 곳은 미국 실리콘밸리였다. 실리콘밸리에서 근무를 하면 할수록 일정 부분 사이보그가 되고 있다는 생각이 들었다. 스마트폰을 세울 수 있는 동그란 고리를 부착하고 손가락에 끼웠을 때는 그런 생각이 더욱 강해졌다.

맨몸으로 걸을 때도 전화기는 챙긴다. 지갑은 빠뜨려도 휴대용 무선단말기는 챙겨야 안심이다. 강력한 접착력을 자랑하는 스마트폰 고리에 손가락을 끼우고 걷는다. 인체 공학적(ergonomic) 디자인을 자랑하는 기기는 어느새 내 몸의 일부가 되어 있다.

스마트폰을 이름 그대로 똑똑한 조수나 비서 정도로 여기고 싶지만 현실은 정반대였다. 초연결의 시대, 필자를 포함한 많은 사용자는 기기를 요령껏 활용할 만한 주체성을 확보하지 못했다. 자유 의지에 따라 전화기를 사용한다고 믿고 싶지만 광고나 홍보에 의해 주입된 가치가 크다는 걸 부정할 수 없다.

실리콘밸리에 거주하면서 10년 넘게 스마트폰의 아이콘으로 자리한 애플의 유명한 슬로건을 자주 떠올렸다. '다르게 생각하라(Think Different)'. 스마트폰이 주류가 된 시대에 '다른 것'은 무엇일까. 경쟁사의 운영 체제인 안드로이드를 생각하라는 의미일까. 아니면 자신들이 팔고 있는 문명화된 기기를 거부하고 디지털 러다이트 운동이라도 벌여야 한다는 뜻일까.

여기까지 생각이 미치면 한없이 존재가 작아진다. 안 되겠다 싶어 나가서 걷기로 결심했다. 스마트폰은 두고 나왔다. 북새너제이의 과달루페(Guadalupe) 강을 따라 걸으면서 떠오르는 상념에 자신을 맡긴다.

하늘은 높고 푸르다. 새들이 날아간다. 그 옆으로는 비행기도 지나간다. 광활한 시공간에 한 명의 사내가 서 있다. 이처럼 실리콘밸리에서 걷기는 반(反)문화적이다. 자율주행 기능이 탑재된 전기차부터 떠올리는 이에게 걷기는 전혀 실리콘밸리답지 않은 행위다. 하지만 우리는 다름을 생각할 필요가 있다.

실리콘밸리가 내세우는 혁신의 뿌리는 저항 정신과 반문화에 있다. 1950년대 비트 세대의 저항 정신과 1960~1970년대 히피가 추구한 반문화는 고스란히 정보 통신 혁명의 토대가 되었다. 멀리 갈 것도 없이 '다르게 생각하라'는 슬로건이 이를 증명한다.

혁신은 남다른 생각을 바탕으로 색다른 아이디어를 현실로 만드는 일이다. 따라서 혁신은 주류의 통념을 거부할 때 태동한다. 태생적으로 반문화적인 것이다.

반문화를 대표하는 미국의 소설가 커트 보니것(Kurt Vonnegut)은 "가장자리에서는 중심에서 볼 수 없는 모든 것을 볼 수 있다. 꿈에도 생각 못한, 큰 것들을, 가장

자리에 선 사람들이 맨 처음 발견한다"고 말했다. 혁신의 출발점은 중심이 아니라 언제나 가장자리에 있다.

실리콘밸리에 오고 나서 오랫동안 품었던 의문은 '이제는 주류가 된 혁신 기업이 계속 가장자리에 서 있는가'였다. 사실상 24시간 접속해 테크 기업의 서비스를 이용하는데도 어쩐지 삶이 풍성해진다는 느낌을 받을 수 없었다. 아니, 깊어진다는 확신을 가질 수 없었다는 표현이 보다 적확할 것이다.

고민이 깊어지던 차에 반가운 책 하나를 발견했다. 피트 데이비스의 《전념》이다. 데이비스는 자신의 하버드 법학대학원 졸업 연설에서 발표한 '전념하기의 반문화(A counterculture of commitment)'가 반응을 얻자 이를 파고들어 책으로 펴냈다.

그는 현대 사회에서 무한 탐색과 끊임없는 접속을 벗어나 하나에 전념하는 것을 '반문화적' 행위로 규정했다. 그는 우리가 "삶의 길이는 어찌할 수 없어도 삶의 깊이는 통제할 수 있다"며 반문화적 행위의 필요성을 역설한다.

《전념》을 읽고 조금은 자유로워졌다. 그동안 하나에 몰두하지 못하고 온라인 공간 이곳저곳을 기웃거리며 서성거렸다. 무수히 자책하면서도 실리콘밸리에서는 어쩐지 그래야만 할 것 같다는 강박이 있었다.

근무가 막바지를 향해가던 무렵, 하루의 일정 시간을 연결과 접속을 벗어나 무언가에 전념하기로 마음먹었다. 누구의 방해도 받지 않는 새벽 시간을 다시 확보했다. 일어나면 어둠과 고요 속에서 걸으며 명상을 시도했다. 아무도 없는 카페에서 커피를 마시며 하루를 시작하는 일기를 썼다.

현시대의 유행과 시류에 동떨어진 방식처럼 보일지도 모르겠지만 반문화가 실리콘밸리를 낳았다는 사실을 일깨우며 이를 '전념의 반문화'라고 이름 붙였다.

'보는 법'에 따라 달라지는 의미의 가능성

실리콘밸리의 바탕인 반문화적 시각에 따르면 '실리콘밸리답다'는 것은 가장자리에서 중심을 바라본다는 뜻이다. 이를 따른다면 주류가 된 테크 기업의 서비스도 주체적으로 판단해 받아들일 수 있을 것이다.

무엇보다 필자는 구글에 대한 의존도를 낮추려 애썼다. 반년이 지나면서 어느 정도 길이 익숙해졌다. 운전할 때 웬만하면 구글 지도를 끄고 목적지를 찾아갔다. 당연히 시행착오가 뒤따랐다.

샌프란시스코 금문교에서 일출을 보고 집으로 돌아오던 2023년 1월 1일, 남은 휘발유가 간당간당했다. 가족을 먼저 내려주고 길을 잘 알던 샌타클래라 콜맨 애비뉴의 코스트코로 차를 몰았다. 안타깝게도 새해 첫날은 대형 마트 주유소가 휴무였다. 식은땀을 흘리며 가까운 주유소 '76'으로 방향을 틀었다.

결승점을 눈앞에 두고 신호를 기다리는데 스르륵 엔진이 죽었다. 비상등을 켜놓고 부리나케 주유소까지 뛰었다. 1갤런짜리 통을 사서 기름을 담고 낑낑대며 차로 돌아와야만 했다. 이를 통해 휘발유가 부족할 때는 '스톱 앤고(ISG)' 기능부터 해제하고 길을 나서야 한다는 사실을 몸소 깨달았다.

《모든 것은 빛난다》의 저자들은 테크놀로지 시대에서 '의미의 가능성'을 잃지 않기 위한 방법을 제시한다. 드레이퍼스와 켈리는 우선 테크놀로지 자체를 부정하는 것은 적절하지 않은 대응이라고 못박는다. 그보다는 "전적으로 기술에 의존한 삶의 방식에 저항하는 창작적 실천을 바탕으로 개별 테크놀로지의 발전을 받아들이는 것"이 더 온당하다고 본다.

이를 위해서는 가치 있는 분야의 일에 관심을 갖고, 중요한 차이를 드러내는 기량을 갈고닦아야 한다고 말한다. 하지만 급속한 테크놀로지의 발전에 나날이 압도되고 있는 단독자로서 무엇이 여전히 관심을 가질 만한 가치가 있는 일인지 판단하기는 매우 어렵다.

다행히 미국 현대 철학을 대표하는 두 대가가 힌트를 준다. "답은 '보는 법'을 배우는 데 있다(The answer is one must learn to see)"고. 무엇이 여전히 가치가 있는지 스스로 보는 법을 배우기 위해서는 실험과 관찰(experimentation and observation)이 필요하며, 실험과 관찰에는 위험과 보상(risks and rewards)이 함께 따른다고 덧붙인다.

한국에 돌아와서 내린 중요한 결정은 자동차를 사지 않는 것이었다. 미국에서는 어쩔 수 없이 차에 의존하며 살았다. 갑작스레 서울에서 맞이한 차 없는 삶은 해방처럼 느껴졌다. 지하철, 버스, 자전거, 도보를 실험하다가 아침에는 통근 버스를 타고 있다. 퇴근할 때는 시내버스를 탔지만 날이 선선해지고 슬슬 집까지 걸어가는 경우도 생겼다. 고향에 갈 때는 주로 고속버스를 탄다. 틈날 때마다 창밖을 응시하는 일에 전념하며 '보는 법'을 배우고 있다.

참고문헌

김욱진(2022.6.27). "자율보행자". 헤럴드경제.
https://biz.heraldcorp.com/article/2899043

김욱진(2022.9.23). "전념의 반문화". 미주한국일보 샌프란시스코판. http://www.koreatimes.com/article/1433750

김욱진(2024.9.13.). "테크놀로지 시대를 슬기롭게 사는 법". 내일신문. https://m.naeil.com/news/read/523134

신형철·조윤석(2014.8.15). 〈문학 이야기 제13회〉. 문학동네. https://munhak.libsyn.com/-13_part-2_-_

Davis, P.(2018). 〈A Counterculture of Commitment(Transcript)〉. Harvard Magazine. https://www.harvardmagazine.com/sites/default/files/petedavis_graduateoration.pdf

Davis, P.(2021). *Dedicated: The Case for Commitment in an Age of Infinite Browsing*. Simon & Schuster. 신유희 옮김(2022). 《전념》. 상상스퀘어.

Dreyfus, H.(2008). *On the Internet*(2nd ed.). Routledge. 최일만 옮김(2015). 《인터넷의 철학》. 필로소픽.

Dreyfus, H. & Kelly, S. D.(2011). *All Things Shining*. Free Press. 김동규 옮김(2023). 《모든 것은 빛난다》. 사월의책.

NTSB(2020). Collision Between a Sport Utility Vehicle Operating With Partial Driving Automation and a Crash Attenuator Mountain View, California March 23, 2018. National Transportation Safety Board Accident Report. https://www.ntsb.gov/investigations/AccidentReports/Reports/HAR2001.pdf

Tanimoto, C.(1997). 〈Think different(Slogan)〉. Chiat/Day.

Vonnegut, K.(1952). *Player Piano*. Charles Scribner's Sons. 정석권 옮김(2001). 《자동 피아노》. 금문.

김욱진

강릉에서 태어났다. 고려대학교에서 사회학을 전공했다. 졸업하고도 사회를 알고 싶다는 욕망에 휩싸여 산다. 세계를 떠돌 수 있는 직업을 찾아 대한무역투자진흥공사(KOTRA)에 들어갔다. 2013년부터 5년간 이란 테헤란무역관에서 일했다. 학업을 병행해 이란 국제관계대학교에서 이란학을, 테헤란대학교에서 기업가정신을 공부했다. 2021년부터는 3년 동안 미국 실리콘밸리무역관에서 근무했다. 일하면서 미주한국일보에 '실리콘밸리 스케치'를, 내일신문에 '미국 현장 리포트'를 정기 기고했다. 현재 내일신문에 '글로벌 포커스'를 매달 기고하고 있다. 지은 책으로 《어느 세계시민의 자발적 이란 표류기》, 《일상이 산티아고》, 《실리콘밸리 마음산책》이 있다. 2024년부터 광주과학기술원(GIST)에서 AI정책전략학 박사 과정을 밟고 있다.

김기배

광주과학기술원 AI정책전략대학원 조교수다. 2003년 한국과학기술원(KAIST) 물리학과에서 학사 학위를 받았고, 2010년 서울대학교 기술경영경제정책대학원(TEMEP)에서 공학 박사 학위를 받았다. 티맥스그룹(주)의 연구본부장을 역임했다. 또한 KAIST의 제4차 산업혁명 지능센터에서 수석 연구원을 지냈고, 세계경제포럼의 제4차 산업혁명 센터의 펠로우를 역임했다. 또한 KAIST와 서울대학교에서 연구교수를 지냈고, 브라운슈바이크 공과대학교에서 박사후 연구원을 역임했다.

연구 관심사는 정보 시스템에서 집단 지능의 경험 및 수치적 네트워크 분석, 특히 오픈 이노베이션을 위해 AI 플랫폼을 사용하는 기업 생태계이다. 네트워크 시장의 효율적인 설계를 위한 전략과 정책을 제안한다.